Lachs und Forelle

WIDMUNG

Mein besonderer Dank gilt Susan Rockrise für ihre großzügige Unterstützung, ihre kreativen Visionen und ihre grenzenlose Begeisterung. Ich werde ihr für ihre Liebe und Unterstützung, die dieses Buch ermöglicht haben, immer verbunden sein.

Lachs und Forelle
Fliegenfischen in den Traumrevieren der Erde

Originalausgabe:
Trout and Salmon, all rights reserved
Copyright © 1999 by Duncan Baird Publishers Ltd
Copyright der Fotografien © 1999 by R. Valentine Atkinson
Copyright der Illustrationen, Karten und Studiofotografien © 1999 by Duncan Baird Publishers Ltd
Copyright der Info-Seiten © 1999 by Duncan Baird Publishers Ltd
Copyright des Vorwortes © 1999 by Nick Lyons
First published in Great Britain in 1999 by Duncan Baird Publishers Ltd
Aus dem Englischen übersetzt von Martina Bauer
Umschlagentwurf: Dan Sturges, Fotos von R. Valentine Atkinson und David Murray
Karten: Neil Gower
Kalligraphien: Susanne Haines

Die Deutsche Bibliothek – CIP-Einheitsaufnahme
Ein Titelsatz für diese Publikation ist bei Der Deutschen Bibliothek erhältlich

---

Alle Angaben in diesem Buch erfolgen nach bestem Wissen und Gewissen.
Sorgfalt bei der Umsetzung ist indes dennoch geboten.

Der Verlag, die Autoren und die Herausgeber übernehmen keinerlei Haftung für Personen-, Sach- oder Vermögensschäden, die aus der Anwendung der vorgestellten Materialien und Methoden entstehen könnten.

Informationen senden wir Ihnen gerne zu

Bücher · Kalender · Spiele · Experimentierkästen · CDs · Videos · Seminare
Natur · Garten & Zimmerpflanzen · Heimtiere · Pferde & Reiten · Astronomie
· Angeln & Jagd · Eisenbahn & Nutzfahrzeuge · Kinder & Jugend

KOSMOS Postfach 10 60 11
D-70049 Stuttgart
TELEFON +49 (0)711-2191-0
FAX +49 (0)711-2191-422
WEB www.kosmos.de
E-MAIL info@kosmos.de

Für die deutschsprachige Ausgabe:
© 2000, Franckh-Kosmos Verlags-GmbH & Co., Stuttgart
Alle Rechte vorbehalten
ISBN 3-440-08157-5
Gesamtherstellung: Print Company Verlagsgesellschaft m.b.H., Wien
Printed in / imprimé en Hong Kong
Satz: Print Company Verlagsgesellschaft m.b.H., Wien
Druck und buchbinderische Verarbeitung: Imago Limited

Inhalt

Vorwort von Nick Lyons
6

Einleitung von R. Valentine Atkinson
8

FORELLE
11

Im Quellgebiet – Westliche USA
John Gierach
12

Seine größte Forelle – England
J.W. Hills
28

Lough Mask – Irland
David Street
38

Tierra del Fuego – Argentinien
Brian Clarke
50

Wo der Süden beginnt – Chile
Roderick Haig-Brown
60

Der Dreadnaught-Pool – Neuseeland
Zane Grey
74

LACHS
90

Lachse haben keine Geschichte – Alaska
Clive Gammon
92

Himbeeren im Regen – Norwegen
Ernest Schwiebert
108

Wesleys Fluss – Kanada
Tom McGuane
120

Sonntags nie – Schottland
David Profumo
132

Grimsá-Tagebuch – Island
Nick Lyons
146

Pilgerfahrt zum Ponoi – Russland
Bill Currie
162

Nachweise
176

Vorwort

Diese zweite Sammlung von ausgezeichneten Fotografien von Val Atkinson und Essays von John Gierach, Clive Gammon, Tom McGuane, Brian Clarke, Zane Grey, Roderick Haig-Brown, Ernest Schwiebert und anderen Anglern ist Lesevergnügen und Augenschmaus zugleich.

Die Essays versuchen, die landschaftlichen Gegebenheiten der zwölf Fanggebiete, die in diesem prächtigen Bildband geschildert werden, wiederzugeben. Die Reise beginnt in den Vereinigten Staaten und führt über Irland, Kanada, Argentinien, Chile, Neuseeland, Schottland, Norwegen und andere Länder mit klaren Flüssen und außergewöhnlichen Möglichkeiten der Forellen- oder Lachsfischerei bis Russland. Doch die Prosa geht über Landschaftsschilderungen hinaus. Durch die verschiedenen Stimmen der Angler-Autoren und ihre unterschiedliche Sichtweise begegnen wir originellen lokalen Charakteren, nehmen an unvergesslichen Mahlzeiten teil und erleben die Spannung und Dramatik von etwa hundert Fangerlebnissen, von alltäglichen bis äußerst ungewöhnlichen. Große Fische werden angehakt, gefangen oder gehen auch verloren. Der Leser wandert in bester Gesellschaft mit John Gierach einen Canyon im Westen der USA zum Quellgebiet hoch, wo die „Fische gierig, etwas dumm und nicht besonders groß sind", und fast jeder gelungene Wurf über eine steigende Forelle ein Erfolg ist. Tom McGuane entführt uns zu einem „wild flüchtenden, silberhellen Meeresfisch", einem Lachs, der letztendlich doch im Netz landet. Fische werden gefangen, weil sich die Angler nicht nur auf das Fischen verstehen, sondern auch wissen, wo die Fische zu finden sind. Aus all diesen Essays spricht ein Wissen, das dem Fangen vorausgeht und dieses erst ermöglicht. „Die Lachse stehen in den ersten sechzig Metern der Strömung", schreibt Ernest Schwiebert über einen Fluss in Norwegen. „Sie stehen unter saphirblauen, schäumenden Stromwirbeln, dort wo der Fluss seidig glatt hervorquillt, bevor er dem Ende zu über feinem Kieselboden seichter wird." Und zwischen großen und kleinen Fischen, den Porträts von Menschen und Flüssen, dem Wissen über die Standplätze der Fische, steht im Mittelpunkt das Fischen selbst, das so realistisch und voller Überraschungen beschrieben wird, wie man es sich nur wünschen kann. „Als ich eines Abends eine Fliege im Rocky Cast treiben ließ, blitzte eine graue Flanke auf, und meine kleine Stoat verschwand von der Oberfläche wie ein gelöschter Tippfehler", heißt es bei David Profumo.

Vals Fotografien umrahmen die Texte, illustrieren sie und lassen Welten und Geschichten für sich entstehen. Sie gehören zu den besten Fotos, die ich von ihm kenne. Die Bilder scheinen schöner und schärfer geworden zu sein, sich dem Wesentlichen angenähert zu haben, und zeigen auf, worum es bei all dem Wirbel um Forelle und Lachs eigentlich geht.

Ein Foto zeigt einen Mann mit übergeschlagenen Beinen, der geduldig an einem kleinen Quellfluss sitzt und beobachtet. Auf einem anderen Bild starren zwei Männer von einer alten Steinbrücke in den Fluss, wie auch andere Fischer es Tausende Male getan haben und immer wieder tun werden, da eine Brücke direkt über den Fluss führt und man nur so in die mysteriöse Wasserwelt der Opfer Einblick bekommt, wie etwa Nick Adams in der Hemingway-Geschichte. Ich habe viel über diese fremde Welt gelernt, in dem ich von Brücken in diese dreidimensionale Flüssigkeit starrte: wo sich die Forellen aufhalten, wie sie im Strom stehen, die Art und Weise, wie sie steigen, wie sie die Nymphe nehmen, und vieles mehr.

Val zeigt einfache Szenen auf eine unsentimentale, aber für jeden Angler berührende Weise: Das Fliegenwerfen, bei dem die Schnur in fließender Bewegung erstarrt, größere Gewässer in Alaska oder Russland oder kleine Quellen, die eine Welt für sich sind, wo immer sie sich befinden. Atemberaubende Fotografien von Anglern, die erwartungsvoll kristallklares Wasser sondieren, Bilder von großen, silberhellen Fischen, die zehn bis zwölf Pfund schwer sind. Ich mag das Wasserflugzeug, das über die Weite schwebt und sich seinem Hafen nähert, und den verstörten Blick des Grizzlybären, der neugierig oder verrückt sein kann. Ich mag den springenden Lachs, die Wildnis, die wechselnden Farben des Himmels, die vielen verschiedenen Boote der Angler und die tiefe Beugung der langen Rute, wenn ein guter Fisch angebissen hat. Ich mag die vielen neuen Gewässer, die uns Val zeigt: flache, gekräuselte, raue, durch Wiesen oder über Lavafelder fließende. Am besten gefällt mir, dass die Kamera die elementaren Momente des Fliegenfischens einfängt, in denen jeder, der mit dieser Technik angelt, Teil des gleichen Prozesses wird. Mir gefällt, dass die Fotografien größer, einfacher und ausdrucksstärker geworden sind. Das Beeindruckende an den Bildern ist, dass sie wiedergeben können, was wir alle so am Fliegenfischen, insbesondere auf Forellen und Lachse, lieben.

Nick Lyons

Einleitung

Der Erfolg meines ersten Buches „*Fliegenfischen. Die Traumreviere der Welt*" war nicht nur die Erfüllung eines lebenslangen Traums, sondern inspirierte mich auch zu diesem zweiten Band, in dem ich Ihnen aufregende neue Reiseziele für Fliegenfischer vorstellen möchte.

Fliegenfischen, Fotografieren und Reisen sind sehr gut vereinbar und ergänzen einander. Ich bin mit einer unstillbaren Wanderlust aufgewachsen, dem Drang, immer wieder neue Orte zu besuchen und zu befischen. Wenn ich nicht gerade reise, träume ich von schönen, neuen Fangplätzen mit Flüssen voller Forellen oder Lachse. Eine weitere Leidenschaft von mir ist das Fotografieren, das mir ermöglicht, diese Schönheit festzuhalten und mit anderen zu teilen. Mein Vater ist Fotograf und hat mir die Liebe zur Fotografie bereits in jungen Jahren vermittelt. Ich bin in der glücklichen Lage, dass ich diese Leidenschaften im Lauf der Zeit zu einem Beruf verbinden konnte, den ich über alles liebe.

Freunde fragen mich oft, wie ich beim Fischen Zeit zum Fotografieren finde. Wie kann man zwei Dinge gleichzeitig tun? Das Geheimnis ist das richtige Timing. Es geht einfach um den Zeitpunkt, wann man die Rute niederlegt und nach der Kamera greift. Ich habe immer beides zur Hand. Draußen am Fluss halte ich Ausschau nach gutem Licht für sehenswerte Landschaftsaufnahmen. Sobald sich etwas Spektakuläres ereignet, zücke ich die Kamera. Wenn ich am Morgen aufbreche, befinden sich in meinem Rucksack die Fliegenrute, mein Stativ und mehrere Objektive. Ich fotografiere, bis die Sonne für gute Bilder zu hoch steht, und das Wasser sich erwärmt hat. Wenn dann die Insekten zu schlüpfen beginnen, lege ich die Kamera weg und gehe fischen. Man muss nur wissen, wann man was macht.

Ein Beispiel für dieses besondere Zeitgefühl ereignete sich letzten Sommer in Irland, als ich für dieses Buch fotografierte. Meine Anglerfreunde und ich wohnten in Stuart McTeares Lodge am Lough Sheelin, der für seine großen Bachforellen berühmt ist. Die Lodge liegt an einer Bucht direkt neben dem Watty's Rock, dem besten Pub des Dorfes.

Das Maifliegenschlüpfen hatte begonnen, und wir machten uns täglich auf den Weg, weil wir es auf „große Burschen" abgesehen hatten. Wir fischten früh morgens und spät abends, bei strömenden Regen, doch kein fotogener Fisch zeigte sich. (Das kommt oft vor.) Bei unserem letzten Ausflug stand ich in der Dämmerung am Ufer und unterhielt mich in der sich verdichtenden Dunkelheit leise mit Dennis, unserem Guide. Meine Freunde befischten das Ufer, als Dennis plötzlich mitten im Satz innehielt und auf eine Stelle neben unserem Boot zeigte: Ein Fisch hatte eben eine Köcherfliege oder Murrough, wie sie in Irland heißen, genommen. „Nimm die Ersatzrute aus dem Boot und mach' dich an ihn heran, Val", meinte Dennis in seinem wunderbaren irischen Akzent.

Ich legte die Kamera nieder, griff nach der Rute und präsentierte dem Fisch eine frisch gebundene Murrough – mein erster Wurf auf der ganzen Reise. Der Fisch stieg und verschlang die Fliege. Ich hatte beim ersten Versuch eine herrliche fünfeinhalb Pfund schwere Bachforelle heraus gezogen. In dieser Nacht ging es im Watty's Rock hoch her, ich gab mehrere Runden Guinness für alle aus.

Das ist es, was ich unter Timing verstehe. Es bedeutet alles im Leben.

Ich möchte folgenden Freunden für ihre Unterstützung danken: Alex Mitchell, Nick Zoll, Duncan Baird, den Grafikern und Redakteuren von Duncan Baird Publishers, Frontiers International Travel, Susan Rockrise, Louise Grimsley, Nick Lyons, und allen meinen Freunden, die mir unterwegs Modell standen. – Danke, ihr gehört alle dazu.

Auf die Wahrheit, das Abenteuer und die Leidenschaft für das Fliegenfischen, das Reisen und das Leben!

R. Valentine Atkinson, September 1998

EINLEITUNG

Forelle

Im Quellgebiet

Westliche U.S.A.

JOHN GIERACH

„*Vier Teiche und ein Dutzend mittlere bis gute Forellen später beißt ein schwerer Fisch an. Er kämpft gut, bleibt aber im offenen Wasser, wo du ihn behutsam drillst. Du wünschst, du hättest einen Kescher mitgenommen, auch wenn dieser sich beim Wandern längst im Gestrüpp verfangen hätte. Du drillst den Fisch länger als gewollt und landest ihn schließlich so behutsam wie möglich von Hand. Als du ihn am Unterkiefer hältst, um die widerhakenlose Fliege zu lösen, schwänzelt er und gräbt die Zähne in deinen Daumen, ein Blutstropfen breitet sich im Wasser aus.*"

Folgt man dem Fluss zum Canyon hinauf, scheint dieser plötzlich kleiner und kälter zu werden. Eine Illusion, die dadurch entsteht, dass man die Gewässer der Zivilisation, an denen es Parkplätze und Pools mit klingenden Namen gibt, hinter sich lässt. Stromaufwärts wandernd, wo Klippen die Straße vom Fluss abschneiden, hat man ein wenig das Gefühl, in die Vergangenheit zu schreiten, und die Forellen, noch immer zum Großteil Bachforellen, erscheinen so flüssig und transparent wie Wasser. Du bist voller Schwung und in Hochstimmung.

Kleine Gumpen soweit das Auge reicht. Anstatt sie gründlich zu befischen, bleibst du in Bewegung und wirfst dann und wann eine Caddis-Trockenfliege über eine vielversprechende Stelle. Sie scheint geeignet, du hast Glück. Später, wenn die frisch geschlüpften Köcherfliegen oder vielleicht sogar Eintagsfliegen auftauchen, wirst du dich an die Arbeit machen. Jetzt liegt dir mehr daran, vorwärts zu kommen, in Wanderstiefeln mit dem Gepäck am Rücken fischst du nur gelegentlich vom Ufer aus.

Du gehst vorsichtig, da du die Rute trägst, die manchmal durch das Gestrüpp und die niedrigen Äste am Weg gefädelt werden muss. Der Stoffüberzug ist in die Hosentasche gestopft, um der Leichtigkeit und Mobilität willen hast du das Transportrohr aus Aluminium zu Hause gelassen.

Du hast deine Lieblingsrute, eine 2,2 Meter lange Bambusrute für eine 5er Schnur, mit dabei. Nach sorgfältigen Überlegungen hast du dich endlich für die honigfarbene Rute mit der englischen Rolle entschieden. Es wäre doch idiotisch, Hunderte von Dollars für eine Ausrüstung auszugeben, die man dann nicht zu verwenden wagt. Die Entscheidung war richtig: Die Holzrute lässt sich wunderbar auswerfen, man kann durch sie fast die Herzschläge der kleinen Forellen spüren.

Du bist eigentlich noch nicht weit gegangen, trotzdem bist du erleichtert, als du das Gepäck abstellst. Natürlich ist es - wie immer - zu schwer, doch akzeptabel, wenn man bedenkt, wie lange du unterwegs sein wirst. Geplant sind drei oder vier Tage, das genaue Datum der Rückkehr hast du absichtlich niemandem verraten.

Das Gepäck lehnt in vorbildlicher Ordnung, noch jungfräulich unberührt, im Schatten einer mit Flechten bedeckten Felsbank. Obenauf gebunden sind die zusammengerollte Schlafmatte und der Poncho, der auch zu einem Regendach umfunktioniert werden kann. Der Daunenschlafsack ist am Boden befestigt, die alte Bratpfanne auf der Rückseite festgeschnallt. Die Pfanne erscheint etwas zu groß, doch vermag sie perfekt zwei 20–30 Zentimeter große Forellen zu fassen. Auf dieser Reise wirst du Fisch essen oder aber dich wieder auf den Heimweg machen. Der Proviant besteht aus Kohlehydraten und Suppen, zu denen man lediglich etwas Wasser benötigt, sowie Kaffee, einer Dose Schweinefleisch mit Bohnen, etwas Öl, Salz, Pfeffer und Zitronensaft. Das sind die Beilagen, die Hauptgerichte schwimmen noch im Wasser.

RECHTS: *Ein Angler, der am Morgen am Nelson's Spring Creek in Montana die erste Fliege aussucht.*

OBEN: *Grasshopper*

Sonst nur das Nötigste: Kleidungsstücke, die man gegebenenfalls gleichzeitig tragen kann (Wollhemd, Sweater, Daunenweste, Wollkappe), Kaffeekanne, Reservesocken, Wasserstiefel, Watschuhe (eigentlich tief geschnittene Tennisschuhe, da sie leichter sind) und ein Blechnapf. Noch befindet er sich in der Seitentasche, weiter nördlich wird er neben der Bratpfanne hängen und als Bärenglocke dienen.

Auch eine Kamera fehlt nicht. Im lichtgesprenkelten Schatten sieht das Gepäck so hübsch aus, dass du überlegst, ein Foto zu knipsen, doch bleibt es beim Gedanken. Im Moment ist dir nicht danach, die Welt durch ein Stück Glas, und sei es ein noch so wertvolles, zu betrachten.

Der einzige Luxus, den du dir gegönnt hast, sind eine große Kaffeekanne, ein Notizbuch und eine kleine Flasche guter Bourbon – auch kein wirklicher Luxus, genau genommen. Die Kaffeekanne lässt sich auch zum Kochtopf umfunktionieren und fasst genügend Wasser, um das Lagerfeuer mit nur drei Gängen zum Fluss vollständig zu löschen. Dein Leben ist zwar nicht gerade unschuldig verlaufen, doch hast du bis jetzt keinen Waldbrand verursacht, und das soll auch so bleiben; auf deine Lagerfeuer passt du peinlich genau auf.

Der Bourbon ist noch in der Glasflasche, weil er aus der leichteren Plastikflasche nicht wirklich schmeckt, und ob Whiskey ein Luxus oder eine Notwendigkeit ist, darüber ließe sich streiten. Vom Notizbuch verwendest du im Allgemeinen mehr Seiten zum Feuermachen als für poetische Ergüsse.

Nach dem Abendessen, einem Schinken-Käse-Sandwich, steckst du die Rute in die Hülle und brichst auf. Der Pfad ist mittlerweile verschwunden, das Gelände unwegsamer geworden. Wasseramseln planschen im Wasser. Du kommst einem Murmeltier zu nahe, das sich auf einem Felsen sonnt, bevor es mit einem Warnpfiff und einem plötzlichen Satz davonspringt.

Es wird Spätnachmittag, der Canyon verliert an Höhe, und eine Seite des Flusses liegt bereits im Schatten. Die Buchten haben einem langgezogenen Wasserlauf Platz gemacht, dessen eine Uferseite offen und von Gras bedeckt ist. Wunderbare unterspülte Uferbereiche sind zu sehen. Noch bleiben mehrere Stunden Tageslicht, um einen flachen Platz etwas abgelegen vom Fluss zu suchen (in sicherer Entfernung von Moskitos, Morgentau oder Frost), das Gepäck gegen einen Baum zu lehnen, den Schlafsack zum Auslüften auszurollen, eine Feuerstelle anzulegen, Holz zu sammeln und Kaffeekanne und Bratpfanne auszupacken.

Der Lagerplatz deiner Wahl ist eine kleine, nur ein paar Hundert Meter lange Wiese. Der offene Himmel tut gut nach dem beengenden, bewaldeten Canyon, erstmals an diesem Tag siehst du vor dir das schneebedeckte Hochland. Es ist noch immer so warm, dass man den aufkommenden Abendfrost als erfrischend

WESTLICHE USA

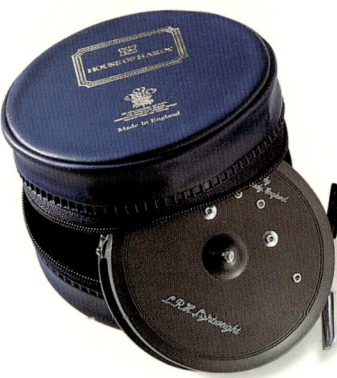

OBEN: *Sonnenaufgang am Burney Creek in Kalifornien. Die Forellen hier schnappen nach winzigen Steinfliegen. Welche Fliege aus der Wheatley-Box ist geeignet?*

empfindet. Mittlerweile sind auf den Hügeln ebenso viele Fichten wie Tannen, Kiefern und auch Espenwäldchen zu sehen. Du meinst den Schrei eines Habichts zu hören, aber am Himmel ist nichts zu sehen.

Vermutlich könnte man den Fluss hier befischen, ohne zu waten, trotzdem werden die Watstiefel ausgepackt. Wenn du sie schon mitgenommen hast, wirst du sie auch benutzen. Die Fliegenweste wurde zu Hause gelassen. Stattdessen ziehst du ein Fischerhemd aus Segeltuch mit vier Taschen aus dem Seitenfach des Gepäcks: drei Spulen mit Vorfächern in der unteren rechten Tasche, Insektenschutzmittel, Schwimmer und Kneifzange in der unteren linken. In jeder Brusttasche befindet sich eine Fliegenbox – eine mit Nymphen und Streamern, die andere mit Trockenfliegen. Erst wolltest du ganz rational nur eine einzige Box, doch die größeren Fliegen waren nirgends unterzubringen, und den Gedanken, das Fischerhemd umzuschneidern, hast du nach ein paar Sekunden verworfen. Zumindest sind die Ausbuchtungen auf diese Weise gleichmäßig verteilt.

Bei der Ankunft waren am Ende des Wasserlaufes zwei kleine Steigzeichen zu sehen, und nun bemerkst du am anderen Ufer etwas, das nach einem größeren Fisch aussieht. Ein paar gelbbraune Insekten, die Köcherfliegen sein könnten, flattern über die Wasseroberfläche, doch ohne weitere Analyse der Situation bindest du eine Tan-Bodied Adams mit 16er Haken an. Die Forellen in diesen Bergflüssen sehen wenige Angler und sind selten wählerisch (wenngleich deine zwei Fliegenboxen von gelegentlichen Ausnahmen zeugen), und die Tan Adams gilt als Favorit. Der Schwanz ist aus mitteldunklem Elchhaar, der Körper aus hellen Waschbärhaaren; die grauen Hecheln sind mit Ingwer statt mit Braun vermischt, und die weiten und dunkel gestreiften Schwingen stammen vom Hals einer Henne. Es ist deine persönliche „Standardfliege", die ausgezeichnet für das Hochland geeignet ist.

Du befischst erst den unteren Teil der Strecke und hast es beim ersten Auswurf auf eine winzige Regenbogenforelle abgesehen, einen Wildfisch, der noch den Laichausschlag zeigt. Dann nimmst du einen etwas Größeren ins Visier, der zwar nicht stieg, sich der Fliege aber trotzdem näherte. Du fängst den Fisch – eine 23 Zentimeter lange Bachforelle – schließlich an der Uferbank.

Die Fische sind gierig, etwas dumm und nicht besonders groß. Fast jeder gelungene Wurf über einer steigenden Forelle ist ein Erfolg. Du ziehst eine feine, 25 Zentimeter große Bachforelle an Land, setzt sie wieder frei und erinnerst dich an die Worte eines Freundes: „Wenn du Fische behalten willst, dann behalte sie auch. Wenn du auf die letzten zwei wartest, wirst du Bohnen essen." Der nächste gute Fisch, eine dickleibige, helle, 25 bis 26 Zentimeter große Bachforelle, erhält einen Schlag auf den Kopf und wird an das Ufer in Richtung Lagerplatz geworfen. Das tust du zwar nur noch selten, es verursacht jedoch kein Unbehagen, genau genommen sogar das Gegenteil.

Nach fünf, sechs weiteren Fischen beißt eine kräftige Bachforelle an, die die vollen dreißig Zentimeter vom Ende des Rollenhalts bis zum ersten „T" im Namen der Rute ausfüllt. Es ist ein Männchen mit leicht gekrümmtem Maul und mit Farben, die an einen Herbsttag im Mittleren Westen erinnern. Du säuberst ihn, der Regenbogenzeichnung entlang, wickelst beide Fische in nasses Gras und legst sie in den Schatten, der sich nun über den Bach und den halben östlichen Gebirgskamm breitet. Das Camp befindet sich am westlichen Ufer, wo man in den Genuss der ersten morgendlichen Sonnenstrahlen kommt.

Du überlegst, ob du es mit einem Streamer in der Unterspülung versuchen solltest, um zu sehen, ob sich dort eine große Bachforelle aufhält, doch die Trockenfliege und die Holzrute üben eine hypnotische Anziehungskraft auf dich aus. Du fängst ein paar weitere kleine Fische und kehrst um, als gerade noch genügend Licht ist, um dich am Lagerplatz einzurichten. Du schneidest die ramponierte Fliege, die mitterweile nur noch einen Flügel hat, ab und wirfst sie in den Bach, wie ein Glas bei einem Trinkspruch.

Zum Abendessen gibt es in Öl gebratene Forelle mit Pfeffer und Zitronensaft, Reis und mit Flusswasser verlängerten Whiskey, im Lichtschein des Lagerfeuers genossen. Während du dann im Daunenschlafsack liegst und wartest, dass das Feuer zu Asche verglüht, kommen dir Gedanken an die Forellen, die Wanderung, das Zuhause, den Beruf, die Vergangenheit, und schon bist du eingeschlafen.

Der Morgen ist grau und kalt, aber stellenweise bricht bereits blauer Himmel durch die westliche Wolkendecke. Du ziehst Wollhemd und Weste an, machst Feuer und stellst Kaffeewasser auf. Nach einer Tasse gehst du ohne Wasserstiefel an den Fluss und fängst ohne großen Aufwand eine 22 Zentimeter große Regenbogenforelle zum Frühstück. Du brätst sie an einem Stock über dem Feuer, um die Pfanne nicht zu bekleckern. Auf einem zweiten Stock bereitest du Bisquick-Muffins zu, die etwas trocken aber recht gut werden. Wie jemand (vermutlich ein Franzose) einmal sagte: „Hunger ist die beste Soße."

Das Feuer ist gelöscht, das Gepäck geschultert, sorgfältig vergewisserst du dich, dass du nichts vergessen hast und machst dich dann mit einem letzten Blick zur Unterspülung, an der du nie einen Streamer versucht hast, auf den Weg.

Gegen zehn Uhr ist die Sonne durchgebrochen und du machst Halt, um einige Kleidungsstücke abzulegen, bevor es zu heiß wird. Während du das Zeug einpackst, wird dir plötzlich klar, dass du die Nylonschnur vergessen hast, mit der

OBEN: *Craig Fellin setzt am Beaverhead in Montana eine Bachforelle frei. Nach einem Nachmittags-Sturm erinnert das Licht an ein Gemälde von Rembrandt. Der richtige Zeitpunkt, um nach der Kamera zu greifen.*

RECHTS: *Der Spätsommer am Henry's Fork in Idaho bringt Einsamkeit und einen Hauch von Frost. Die Köcherfliegen schlüpfen vor zehn Uhr morgens. Im Hintergrund sind die Grand Tetons, Wyoming, zu sehen.*

OBEN: *Dieser alte Quellteich an der Hat Creek Ranch in Nordkalifornien ist voll von großen, dickleibigen, frechen Regenbogenforellen.*

sich der Poncho in ein Regendach verwandeln lässt. Du siehst sie deutlich am Küchentisch zu Hause liegen. Nach konzentrierter Suche kommt die Schnur, gemeinsam mit einem vergessenen Apfel, doch noch zum Vorschein. Ein Anfall von Paranoia pro Ausflug ist normal und nicht der Rede wert, schließlich wurdest du belohnt. Wirklich Wichtiges hast du noch nie vergessen.

Da der Rhythmus jetzt aber doch gestört ist, beschließt du zu fischen und fängst mit der Tan Adams den ersten Bachsaibling. Als nach einer Viertelstunde erst zwei kleinere Fische angebissen haben, schulterst du dein Gepäck wieder und gehst weiter.

Bald kommst du an eine Straße, und obwohl diese den Zauber ein wenig stört, freust du dich über ihren Anblick. Oberhalb der Straße liegt eine hohe, sumpfige Wiese. Das Gelände wird flacher, die Bäume werden rar und machen einem Gewirr von verhedderten Weiden Platz. Die einzige Möglichkeit durchzukommen, ist in Watstiefeln durch den Fluß. Mit dem Gepäck und den vom Rücken baumelnden Wanderschuhen zu waten und auszuwerfen ist zwar mühsam, aber nicht unmöglich. Du befischst erst nur die Stellen, die vielversprechend aussehen, erhöhst aber die Konzentration, nachdem du an Stellen, die uninteressant scheinen, einige gute Fische ausgemacht hast.

Als du zu den Biberteichen gelangst, schmerzt der Rücken vom Gepäck. Du schlägst daher an der ersten trockenen Stelle, an die du kommst, dein Lager auf. Nach kurzer Pause wechselst du auf einen Streamer und kletterst zum nächstliegenden Teich hinab. Die Fliege ist ein kleiner Bachsaibling-Bucktail. Der Erfolg in der Vergangenheit hat dich überzeugt, dass Bachsaiblinge tatsächlich ihre kleinen Artgenossen fressen, auch wenn ein Biologe dich vom Gegenteil überzeugen wollte. Wissenschaft und Wahrheit. Der Fisch schnappt die Fliege, es ist also wahr; vielleicht ist es auch weitgehend falsch, funktioniert aber trotzdem und hat demnach seine Berechtigung – eine ähnliche Lage wie in Politik oder Religion. Die großen Fragen sind viel amüsanter als die Antworten.

Vier Teiche und ein Dutzend mittlere bis gute Forellen später beißt ein schwerer Fisch an. Er kämpft gut, bleibt aber im offenen Wasser, wo du ihn behutsam drillst. Du wünschst, du hättest einen Kescher mitgenommen, auch wenn dieser sich beim Wandern längst im Gestrüpp verfangen hätte. Du drillst den Fisch länger als gewollt

UNTEN: *Royal Wulff.*

UNTEN: *Ein Besuch im Westen Amerikas wäre unvollständig ohne Bootsausflug durch das Paradise Valley am Yellowstone River in Montana.*

und landest ihn schließlich vorsichtig von Hand. Als du ihn am Unterkiefer hältst, um die widerhakenlose Fliege zu lösen, schwänzelt er und gräbt die Zähne in deinen Daumen, ein Blutstropfen breitet sich im Wasser aus.

Gegen die Rute gehalten, reicht der Schwanz der Forelle locker über die Dreißig-Zentimeter-Marke. Vierzig Zentimeter? Gut möglich. Er ist dickleibig und hat prächtige Farben. Die orangefarbenen Flanken erinnern an die Neonreklame eines Bierlokals, die durch eine Regennacht leuchtet. Du sitzt da wie ein Idiot, bis das Zappeln der Forelle anzeigt, dass sie sich vom Kampf erholt hat. Du lässt sie frei, und sie schwimmt weg, ein kurzes Gefühl absoluter Leere stellt sich ein, als ob die

OBEN: *Süßwasserquellen strömen über Lavagestein durch Minze, Moos und Wasserkresse und vermischen sich an den Mossbrae Falls am Sacramento River, Nordkalifornien, mit Schmelzwasser vom Mount Shasta. Ein besonderer Ort, der bewahrt und geschützt werden sollte.*

Synapsen im Gehirn, die „Gut" und „Böse" festlegen, gleichzeitig Informationen abgegeben hätten, die sich gegenseitig aufheben.

Hunger und Kälte werden spürbar. Du gehst zum Kanal unterhalb des Teiches zurück und behältst die ersten drei kleinen Forellen, die anbeißen, wobei dir exakt die Größe der Bratpfanne vor Augen schwebt. Das Abendessen wird fröstelnd in der Dämmerung eingenommen; die Watstiefel sind zum Trocknen aufgehängt. Die Rute in ihrem Stofffutteral hängt außerhalb der Reichweite der Baumstachler, die des Salzes wegen gerne am Korkgriff knabbern.

Vor Morgengrauen erwachst du nach einem traumlosen Schlaf frierend, durchnässt und von Mückenstichen übersät, am Rande eines durch den heftigen Regen entstandenen Sumpfes. Der Poncho liegt unnütz als Bodendecke unter dir. Die Flüche, die du ausstößt - die schlimmsten, die dir einfallen - sind die ersten laut gesprochenen Worte seit zwei Tagen.

Glücklicherweise hat sich der Himmel aufgehellt, warm geht die Sonne über dem östlichen Bergkamm auf und unterstützt die Wirkung des qualmenden Feuers, das du mühsam entfacht hast. Allmählich erholst du dich, erwärmt vom Kaffee hängst du die Geräte auf den Weiden zum Trocknen auf, alle Dinge der Sonne zugewandt, wie die Köpfe von Blumen. Sogar das Notizbuch war an der Rückseite feucht, weshalb du das Feuer mit bereits beschriebenen Seiten angemacht hast.

Das Frühstück besteht zum Großteil aus halb verdorbenem Reis mit Teichwasser-Hühnersuppe und dem Apfel. Nach Ausklopfen und Umwenden des Schlafsacks läufst du die halbe Meile zum obersten Teich und befischst den Wasserarm, wo du die erste Cutthroat fängst, einen kleinen, verstörten Fisch. Du fühlst dich dem Ort stärker verbunden, seit du durchnässt und durchfroren warst, ohne Anzeichen von Krankheit zu verspüren.

Wieder in voller Ausrüstung, den Rucksack gepackt und getrocknet, verlässt du den Fluss und wanderst über den trockenen Gebirgskamm zum See. Die meiste Zeit ist das Wasser durch das dichte Gewirr der Weiden nicht einmal zu sehen. Du kommst zügig voran, fühlst dich sicher auf dem trockenen Boden unter den schattigen Fichten und Föhren, wo du die Unebenheiten des Landes statt der Furchen des Flussbetts unter dir spürst.

Unbewusst strebst du bergauf und kommst etwa fünfzehn Meter über dem See an, von wo man einen fantastischen Ausblick hat: der See, der glatt und blaugrau in seinem kleinen Kreis ruht, Schneefelder auf dem westlichen Hügel, umgeben von Grasland. Die Bäume hier sind klein und auf der Windseite astlos.

Du schlägst an einem ideal flachen Platz das Lager auf und konstruierst (eingedenk der vergangenen Nacht) ein unförmiges Regendach, obwohl der Himmel wol-

OBEN: *Ein heldenhafter Kampf mit einer großen Cutthroat am Snake River in Wyoming, während ein Sturm aufzieht.*

kenlos ist. Es scheint noch früh zu sein, doch in der Nähe der kontinentalen Wasserscheide bricht die Dämmerung früh herein. Du schlenderst zum Auslass, der Ort, an dem sich die Fische logischerweise befinden, da der Einlass nur aus geschmolzenem Schnee von einem Geröllfeld besteht, und bemerkst tatsächlich steigende Cutthroats. Unter Berücksichtigung von Erfahrung, Tageszeit, Ort und Intuition bindest du einen Michigan Chocolate Spinner mit 16er Haken an.

Du gehst zu rasch zum Wasser, die Forellen flüchten zwar nicht, doch hören sie besorgt zu steigen auf. Sie wissen nicht, was oder wer du bist, mögen dich aber nicht. Der erste Wurf gelingt, das Vorfach streckt sich der Länge nach in der gleichförmigen Strömung, und eine vierundachtzig Zentimeter lange Cutthroat nimmt den Spinner nach arglosem Steigen. Ein guter Kampf, doch da sich dem Fisch kein Ausweg bietet, ist er leicht zu landen. Es ist Zeit zum Abendessen.

Am Lagerplatz wird die Forelle gebraten, du rückst nahe ans Feuer, das in der dünnen Luft nur wenig Wärme zu geben scheint. Du kampierst selten alleine, doch ist es dir vertraut genug, dass du nachts keine Panik bekommst. Früher bist du alleine gewandert, weil du traurig oder glücklich warst oder auch ohne bestimmten Grund, so wie manche Menschen trinken. Der See ist schwarz und für einen langen Augenblick weißt du nicht mehr, warum du dieses Mal hier bist.

OBEN: *Die Cassel Forebay beim Clearwater House in Nordkalifornien. Im Herbst lockt das Schlüpfen der Insekten besonders große Fische an.*

RECHTS: *Angler, der am Abend vom unteren Fall River im Schatten des Mount Shasta, Kalifornien, heimkehrt.*

WESTLICHE USA: INFO

WISSENSWERTES

Die Erfassung der gesamten Forellenfischerei im Westen der USA würde ein Leben lang dauern. Neben den Orten, die wir in diesem Buch beschreiben, sind Wyoming, Utah und Colorado die besten Staaten zum Fischen. Wir haben uns jedoch auf die bekannteren Flüsse von Montana, Idaho und Nordkalifornien konzentriert. Diese Staaten besitzen klassische Flüsse wie: Madison, Firehole, Yellowstone, Big Hole, Big Horn, Henry's Fork, Silver Creek, Hat Creek und Fall River. An allen diesen Flüssen schlüpfen im Sommer zahlreiche Insekten, nach denen wählerische Forellen, insbesondere Regenbogen- und Bachforellen, die bis zu fünf oder sechs Pfund wiegen, steigen.

Bei allen diesen Flüssen handelt es sich um öffentliche Wasserstraßen, die einzigen Beschränkungen beziehen sich auf die Geräte. Die meisten Fische sind Wildfische. Obwohl die Angelei zugenommen hat, ist auch noch Einsamkeit zu finden.

REISEZEIT

Viele der besten Gebiete befinden sich in Bergregionen, weshalb strenge Winter mit viel Schnee die Regel sind. Einige Flüsse sind Quellflüsse, deren Temperatur während der ganzen Saison konstant bleibt. Schlüpfperioden und Steigaktivität nehmen mit dem Nahen der warmen Sommermonate zu. Im Hochsommer übertrifft das Insektenschlüpfen in der Kühle des Morgens und spätabends die kühnsten Erwartungen. Am berühmten Henry's Fork in Idaho gibt es Zeiten, an denen man das Wasser kaum sieht, weil es von Insektenflügeln bedeckt ist. Anfang Juni taucht am Fall River in Kalifornien der sogenannte „Teppich" auf, unzählige Pale Morning Duns, die alle gleichzeitig schlüpfen.

Oft schlüpfen an diesen Flüssen verschiedene Insekten gleichzeitig. Es gilt herauszufinden, welche Nährtiere die Fische bevorzugen. Die Forellen können äußerst wählerisch und heikel sein, weshalb die beste Schlüpfzeit oft auch die größte Herausforderung des Fischers ist.

LINKS: *A. J. Derosa und Jim Sulham mit einer schönen, fein gepunkteten Snake River-Cutthroat.*

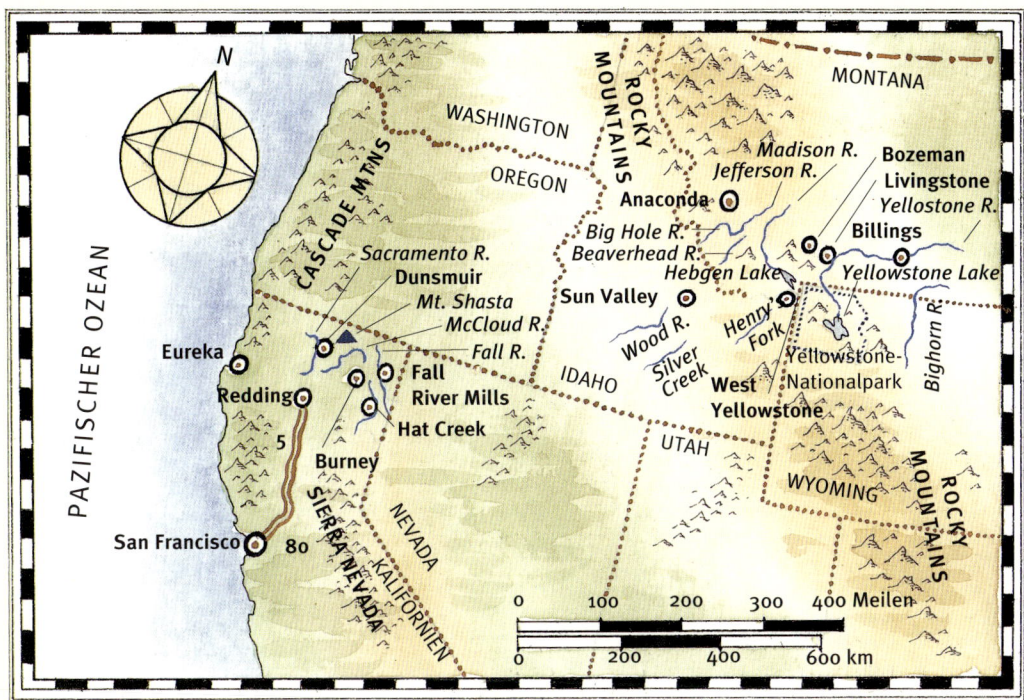

ANGELGERÄT

RUTEN: Je nach Fluss 2,7–3 Meter lange Ruten für Schnüre der Klasse 4–8. Nicht alle Fluss-Systeme verlangen große Ruten. Ein kluger Angler hat auch eine 2,1–2,4 Meter lange Rute im Gepäck.

ROLLEN: Direct-drive-Rollen, die mindestens 70 Meter Backing fassen können.

SCHNÜRE: Ein WF-Schwimmer (Keulenschwimmer) wäre nützlich. Zu Beginn der Saison sind auch Sinktip-Schnüre und Sinkschnüre erfolgreich.

VORFÄCHER: Das Trockenfliegenfischen auf wählerische Fische erfordert lange, feine Vorfächer: 2,7–5,4 Meter, verjüngt auf 6,8 Kilogramm Tragkraft. Kürzere Vorfächer für das Fischen mit Nassfliegen: 3,6–5,4 Meter, verjüngt auf 1,4 Kilogramm Tragkraft.

FLIEGEN: Trockenfliegen: Parachute Adams, Tricos, Royal Wulff, Yellow Humpy, Pale Morning Dun und Goddard Caddis. – Nymphen: Wooly Bugger, Zugbug, Muskrat (Bisam) und Pheasant Tail. – Streamer: Renegade, Zonker, Black und White Marabou.

FLIEGEN: 1 *Royal Wulff* 2 *Stimulator* 3 *Humpy Adams* 4 *Gray Wulff* 5 *Perla Stone* 6 *Green Drake Wulff* 7 *Black Wulff* 8 *Yellow Humpy* 9 *Black Stone* 10 *Living Damsel*

Seine größte Forelle

England

J. W. Hills

"Ich wollte die Schnur gerade einkurbeln, als ein Fisch in etwa neun Meter Entfernung unter meiner Bank stieg. Es war eine jener kleinen Bewegungen, die schwer einzuordnen sind. Der Fisch hätte sehr groß oder auch ein sehr klein sein können. Der verrückte Gedanke kam mir, dass dies meine große Forelle war: Unmöglich, sagte ich mir dann. Dies war nicht die Stelle, an der sie gestiegen war. So laufen die Dinge nicht, es sei denn in Büchern. Nur dort versagt man aus Angst, sieht aber, wenn man später zurückkommt, etwas das man für einen Weißfisch hält, wirft achtlos aus und fängt einen Fisch von der Größe eines Herbstlachses."

Wer an Flüssen fischt, an denen es Eintagsfliegen gibt, wird mir beipflichten, dass man mit diesen zwar ein höheres Durchschnitts-Fanggewicht erzielt, die größten Fische aber mit einer Köcherfliege erbeutet. Das Jahr 1903 am Kennet war eine großartige Saison für Maifliegen und schwere Fische. Ein Freund von mir, der das Ramsbury-Wasser befischte, fing bemerkenswerte sechs Fische an einem Tag, die insgesamt mehr als neunzehn Pfund wogen: Die zwei schwersten Fische des Jahres wurden aber mit einer Köcherfliege gefangen. Der Schwerste ging mir ins Netz. Es war am 26. Juli 1903, ein wolkiger, stürmischer Tag, der Wind blies flussabwärts, ich war von elf bis fünf Uhr am Fluss, ohne auch nur ein Steigzeichen zu sehen. Nach dem Tee, um Viertel sieben, wanderten mein Freund und ich flussaufwärts. Eintagsfliegen tauchten auf, und jetzt zeigten sich auch die ersten Forellen. Plötzlich begann eine wirklich große zu steigen. Wir beobachteten sie mit wachsender Erregung. Sie schnappte entschlossen nach jeder Fliege; je öfter sie auftauchte, umso größer erschien sie, und umso schneller schlugen unsere Herzen. Es war ausgemacht, dass ich es mit ihr versuchte. Ich war nervös und fühlte mich unbehaglich. Der Fisch war wirklich groß, der Auswurf weit, und der Wind blies heftig. Ich konnte die Distanz nicht bewältigen, ließ mich wie ein Narr verunsichern und gab zuviel Schnur. Mein Freund seufzte gequält, als die große Schlaufe exakt vor der Nase der Forelle auf das Wasser schlug. Wir sahen einander schweigend an, leise entfernte er sich flussaufwärts. Stumpfsinnig starrte ich auf die Stelle, an der die Forelle gestiegen war. Natürlich war sie weg.

Die nächsten beiden Stunden kann man vergessen. Dann und wann kleine Steig-

UNTEN: *Green Drake.*

GEGENÜBER UNTEN: *Im Schatten einer alten Steinbrücke über den Avon in Wiltshire verbergen sich viele große Forellen.*

UNTEN: *Ein stiller Waldtümpel am oberen Bourne in Hampshire lädt den vorbeikommenden Angler zur Kontemplation ein.*

zeichen. Ich fing eine Forelle mit einer silbernen Köcherfliege (Sedge) mit 2er Haken. Später, um etwa Viertel neun, ertappte ich mich, wie ich düster auf die Stelle meines Versagens starrte. Der stürmische Wind hatte nachgelassen und alle Wolken vom Himmel gefegt. Stille machte sich breit. Die Weiden, die sich den ganzen Sommer lang im Wind gebeugt und geflüstert hatten, standen steif und bewegungslos, jedes einzelne Blatt hing herab, als wäre es aus Jade gearbeitet. Der Wald aus wunderbaren Riedgräsern, den die Windstöße Welle für Welle in ein stürmisches smaragdgrünes Meer verwandelt hatten, ruhte nun still, die Halme standen unbeweglich da wie auf einen japanischen Wandschirm gemalt. Diese Sommerabende, die auf wilde Tage folgen, haben etwas Friedliches, und dieser ist mir besonders friedlich in Erinnerung; friedvoller jedenfalls als meine Gedanken, die noch immer in Aufruhr waren. Ich stand gedankenlos beobachtend da und machte dann, das Schicksal um Hilfe bittend, ein, zwei Würfe über den Standort, an dem der Fisch gestanden hatte. Wie einfach dieser nun zu erreichen war, wie leicht meine Fliege am Wasser aufsetzte, wie elegant sie über die Stelle segelte. Alles umsonst natürlich, denn nichts geschah, und ich wollte die Schnur gerade einkurbeln, als ein Fisch in etwa neun Metern Entfernung unter meiner Bank stieg. Es war eine jener kleinen Bewegungen, die schwer einzuordnen sind. Der Fisch hätte sehr groß oder auch sehr klein sein können. Der verrückte Gedanke kam mir, dass dies meine große Forelle war: Unmöglich, sagte ich mir dann. Dies war nicht die Stelle, an der sie gestiegen war. So laufen die Dinge nicht, es sei denn in Büchern. Nur dort versagt man aus Angst, sieht aber, wenn man später zurückkommt, etwas, das man für einen Weißfisch hält, wirft achtlos aus und fängt einen Fisch von der Größe eines Herbstlachses. Nur in Büchern ist das Schicksal einem so wohlgesonnen.

OBEN: *Nick Zoll beim Fischen am River Test in Hampshire während des Schlüpfens der Maifliege. Im Hintergrund das Broadland House.*

Ich kenne diese Bücher auswendig. Aber ich bin hier am Fluss und nicht in meinem Lesestuhl. Dies ist die Realität, in der solche Dinge nicht geschehen: Hier steigt eine Forelle von einem halben Pfund.

Ich warf aus. Ich blickte in Richtung Westen, das Wasser hatte durch die Spiegelung des Sonnenuntergangs die Farbe von Magermilch. Meine silberne Sedge war so gut sichtbar wie am Tag. Sie schwebte nieder, ein Steigen, ich schlug an, und etwas flitzte stromaufwärts. Dann wußte ich Bescheid.

Oberhalb von mir waren etwa dreiundzwanzig Meter offenes Wasser, und davor wieder ein undurchdringliches Krautbett, das sich über die ganze Breite ausdehnte. Mein Fisch strebte in kurzen, unaufhaltsamen Vorstößen darauf zu. Ihn da hinein verschwinden zu lassen, wäre eine Torheit gewesen: Ich musste ihn aufhalten. Ich zog mit aller Kraft, bekam glücklicherweise seinen Kopf herum und zog ihn stromabwärts. Er kämpfte verbissen, und ich musste ihm rüde mitspielen, doch konnte ich ihn zur Umkehr bewegen – ich atmete auf. Doch gleich befiel mich erneut ein Schrecken. An der Stelle, an der wir uns befanden, war ein Kanal unter meiner Bank das einzige klare Wasser, der Rest des Flusses war mit Unkraut verstopft. Sollte ich versuchen, ihn durch den etwa drei, vier

OBEN: *Dieser winzige Ausläufer des Bourne beheimatet ein paar besonders prächtige wilde Bachforellen.*

OBEN: *Wer am Itchen in Hampshire im Schatten einer Weide eine leise steigende Forelle erspähen will, braucht Geduld und ein scharfes Auge.*

UNTEN: *Thomas Yellow May.*

Meter breiten Kanal in das offene Wasser hinunter zu ziehen? Nein. Das war viel zu gefährlich, da der Fisch nicht kontrollierbar war; wenn er wirklich ins Krautbett wollte, würde es ihm auch gelingen. Selbst mit einem besiegten Fisch wäre es extrem riskant, mit einem unbesiegten undenkbar. Gut, wenn er nicht herunter wollte, musste er hinauf, dazu zeigte er Bereitschaft. Als ich den Druck lockerte, flüchtete er zu dem höher gelegenen Krautbett, während ich ihm die Wiese hinauf nachlief und mit noch größerer Schwierigkeit erneut zur Umkehr zwang. Diesmal dachte ich wirklich, dass er direkt ins Krautbett fliehen würde, so schnell und schwer war sein Zug. Ich glaube, er wollte zur Schleusenöffnung hoch. Wieder hielt meine prächtige Leine der Spannung stand, und gegen heftigen Widerstand führte ich ihn erneut stromabwärts. Dieser Vorgang wiederholte sich zwei bis drei Mal. Wir kämpften uns die dreiundzwanzig Meter des Flusses hinauf und hinunter. Dann ermüdete er, und ich bezog in der Mitte der Strecke Stellung, wo ich ihn einzuholen hoffte: Meine Hand lag am Tragriemen des Keschers, als er plötzlich losstürmte. Er schwamm in einem Tempo, in dem er unmöglich zu stoppen war, auf das Krautbett zu, schoss wie ein Torpedo hinein, und ich befürchtete, dass ich ihn doch noch verlieren würde. Ihn jetzt straff zu führen, hieße, ihn aufzugeben, daher lockerte ich den Druck: Als er anhielt, straffte ich die Schnur in der kläglichen Erwartung, den leblosen Zug einer von Unkraut umwickelten Leine zu fühlen. Doch zu meiner Freude bemerkte ich, dass ich nach wie vor Kontakt mit dem Fisch hatte, dass dieser stark zog. Ich weiß nicht, wie er die Schnur durch das Unkraut bekam. Es war unmöglich zu sehen. Doch die Leine war frei, was der Fisch bewies, indem er so wild auf die Schleuse zuschwamm, dass die Rolle zu singen begann. Ich glaube, er meinte in das offene Wasser zu kommen, wie es Fischen davor und danach gelungen ist, ich brachte ihn aber zurück. Doch konnten wir nicht bleiben, wo wir waren. Die Schleuse war am Boden offen, ein starker Sog war entstanden, und wenn ein schwerer, besiegter Fisch da hinein geriet, würde ihn keine Schnur hoch bekommen. Trotz des Risikos musste er über das Krautbett in das klare Wasser gebracht werden. Ich zog ihn an die Oberfläche und führte ihn stromabwärts. Es war an der Zeit, ihn zu landen. Er war wirklich groß, wie groß, war nicht abzuschätzen, da ich ihn nicht deutlich genug gesehen hatte. Noch immer zog er mit dieser unaufhaltsamen Festigkeit, die nur sehr schweren Fischen eigen ist. Doch schließlich ermüdete auch seine Kraft. Er schwankte, ergab sich und klatschte plötzlich auf die Oberfläche – in der Dämmerung erschien er mir riesig. Es folgte die quälende Zeitspanne, in der man einen großen Fisch beinahe besiegt hat, der Wider-

LINKS: *Suche nach großen Fischen unter der Brücke – es gibt sie tatsächlich.*

UNTEN: *Beim Auswerfen an einem stark bewaldeten Fluss besteht die Herausforderung darin, die Fliege im Wasser und nicht in den Bäumen zu landen.*

stand aber immer noch zu groß ist, um ihn zum Kescher zu bekommen. Endlich zog ich ihn über das Netz, doch hob ich zu rasch an, der Außenring schlug auf die Mitte des Fischleibs, einen Moment lang schwankte er in der Luft, um dann mit einem hässlichen Platschen in das Wasser zurückzufallen. Schicksal, dachte ich, und eine Schocksekunde lang befürchtete ich, dass er die Rute gebrochen hatte, aber er war noch dran. Nach zwei weiteren schlechten Versuchen war er endlich doch im Netz und am Ufer.

Wie groß war er? Drei Pfund? Mehr. Vier Pfund? Mehr. Fünf? Gut möglich. Meine Knie schlotterten und meine Finger zitterten, als ich ihn am Haken der Waage hatte. Er wog etwas mehr als vier Pfund.

ENGLAND: INFO

WISSENSWERTES

Die englischen Kalkflüsse sind für viele der Geburtsort der modernen Fischmethoden mit Trockenfliege und Nymphe, wie sie heute weltweit praktiziert werden. Die Kalkflüsse umgibt nach wie vor ein Zauber. Wer hier fischt, weiß, dass er auf den Spuren legendärer Fliegenfischer wandelt. Nirgendwo sonst findet man so fantastische Möglichkeiten zum Fischen auf wilde Bachforellen.

Obwohl das Wildfischvorkommen nicht so groß ist wie zu Izaak Waltons Zeiten, und die genetische Reinheit des Fischbestandes an manchen Flüssen bedroht ist, sollte man nicht vergessen, dass diese Fische die Vorfahren unzähliger Populationen von Bachforellen auf der ganzen Welt sind. Der Ruf, der der wilden Bachforelle der Kalkflüsse vorausgeht, dass sie der Prüfstein für die Geschicklichkeit eines modernen Anglers sei, ist immer noch berechtigt. Die landschaftliche Schönheit verspricht einen idyllischen Angelaufenthalt. Im Juni am Ufer eines Kalkflusses zu sitzen, zählt nach wie vor zu den Höhepunkten der Fliegenfischerei.

REISEZEIT

Die Saison beginnt Mitte April, aber im Allgemeinen ist der Mai die beste Zeit zum Fischen, da dann das große Insektenschlüpfen beginnt. Das klassische Maifliegenschlüpfen findet in den einzelnen Revieren meist gegen Ende Mai, Anfang Juni statt. Da dies die populärste Schlüpfperiode ist, in der am meisten gefangen wird, sind die Forellen die restliche Saison wählerischer.

Das Stromaufwärtsfischen ist in den meisten Revieren die einzige legale Methode. Nymphen sind generell bis Mitte Juli verboten, in manchen Revieren ist ihre Verwendung ganz untersagt. Die Hochsaison endet Ende September, doch kann schönes Herbstwetter das Tagesschlüpfen um ein, zwei Wochen verlängern.

OBEN LINKS: *Eine Fischerpartie wartet am River Test auf das Schlüpfen der Maifliege.*

UNTEN LINKS: *Eine prächtige wilde Itchen-Bachforelle wird freigesetzt.*

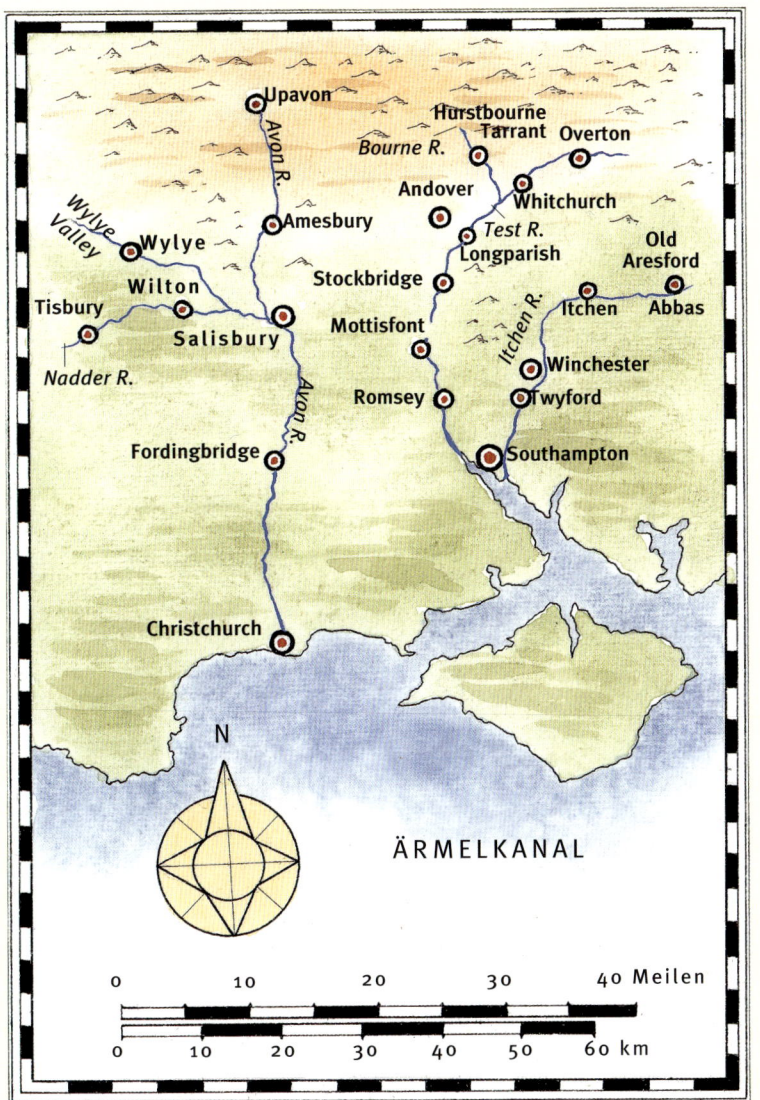

FLIEGEN 1 *Claret Sedge*
2 *Spent Gnat*
3 *Thomas Yellow May*
4 *Houghton Ruby*
5 *Pink Shrimp*
6 *Richard Walker Sedge* 7 *Green Drake*
8 & 9 *Tup's Indispensables*
10 *Greenwell's Glory*

ANGELGERÄT

RUTEN: Je nach Größe des Flusses, 2–2,7 Meter lange, einhändige Ruten für Schnurklasse 2–4.

ROLLEN: Direct-drive-Rollen, die auf die gewählte Rute abgestimmt werden.

SCHNÜRE: Schwimmschnüre der Stärke 2–4.

VORFÄCHER: Je leichter, umso besser; selten sind mehr als 1,8 Kilogramm Tragkraft notwendig.

FLIEGEN: Den Zeitpunkt des Schlupfes vorherzusehen ist das Wichtigste. Bewährte Favoriten sind: March Brown, Grannom und Hawthorn zu Jahresbeginn, Mayfly, Greenwell's Glory, Black Gnat, Tup's Indispensable, Olives, gegen Saisonende Sedge- und Caddismuster. Bei den Nymphen sind zu empfehlen: Hare's Ear, Pheasant Tail, Grey Goose und Shrimp.

Da das Schlüpfen der Insekten von Revier zu Revier und von Fluss zu Fluss variiert, sollte man sich vor dem Fischen erkundigen, welche Insekten am jeweiligen Flussabschnitt dominieren.

Lough Mask

Irland

DAVID STREET

„Der Wind war geeignet zum Tippfischen, stellenweise begann die Sonne die Wolkendecke zu durchbrechen. Wenn es eine Zeit für das Fischen mit Schmeiß-fliegen gab, dann jetzt. Bill wechselte die Ruten und senkte die erste unserer zwei Schmeißfliegen auf das Wasser. Am Kamm einer rollenden Welle verlor sie sich in der Weite des Sees, doch selbst aus der Entfernung konnten wir die schillernde Pracht ihrer Farben sehen. Nach wenigen Minuten breitete sich ein kleiner Kreis auf dem Wellenrücken aus, auf dem die Schmeißfliege trieb – so ruhig hatte die Forelle den Köder genommen."

IRLAND

OBEN: *Porträt von Dennis O'Keefe, meines Bootsmannes und Freundes vom Lough Sheelin, mit seiner Fliegenbox. Beide sind mir unvergesslich.*

LINKS: *Spent Gnat.*

Von den großen Kalksteinseen im Westen ist mein liebster der Lough Mask nördlich von Corrib, der sicher eines der großartigsten Forellengewässer der Welt ist. An seiner Ostseite erstrecken sich, sanft rollend wie der irische Akzent, die grünen Ebenen von Mayo. Über der Westküste wachen die blauen Partry Mountains mit den Gipfeln des Joyce Country, die Richtung Süden gewandt sind. Die riesige Wasserfläche erstreckt sich über insgesamt 83 Quadratkilometer, sie ist 16 Kilometer lang und durchschnittlich sechs Kilometer breit.

Viele bezaubernde Inseln sind hier zu finden, aber auch scharf gezackte Felsriffe aus Kalkstein, die mitunter auch in der Seemitte, wo man die tiefsten Stellen vermutet, aus dem Wasser ragen. Sie sind unmittelbar unter der Oberfläche verborgen und scharf genug, um ein Boot aufzuschlitzen, weshalb der Mask kein Ort ist für Neulinge, die mit einem Außenbordmotor losfahren wollen.

An Tagen, an denen die Quecksilbersäule des Barometers steigt, erscheint das spiegelglatt schimmernde Wasser harmlos; das Wetter kann aber rasch umschlagen, und die von den Partry Mountains herabfegenden Bergwinde verwandeln das ruhige Gewässer alsbald in eine wogende See. Der echte Mask-Fischer kennt den See wie seine Westentasche, hat aber auch größten Respekt vor ihm. Gerade die Riffe und Untiefen machen hier den Reiz des Fischens aus, da sie die herrlichen langen Driftströmungen im ein bis drei Meter tiefen Wasser erzeugen, wo vier Pfund schwere Forellen bereitwillig nach der Fliege schnappen.

Durch Bills Einladung, ihn Ende Juni für eine Woche nach Ballinrobe zum Fischen zu begleiten, lernte ich die Freuden des Mask kennen. Ballinrobe ist ein typisch irisches, charaktervolles Landstädtchen, das aufgrund der begünstigten Lage in der Mitte der Ostküste mit ihren über weite Strecken seichten Gewässern und dem felsigen Vulkangestein, ein natürliches Zentrum der Fischerei ist.

Ich traf ihn in Dublin, von wo aus wir gemeinsam durch Irland fuhren. Wir kamen rechtzeitig an, um ein Boot für die Woche zu buchen – Bill hatte einen eigenen Außenbordmotor – und eine Calor-Gasflasche zu erstehen, bevor wir im leichten Abendregen unser Zelt in der Caher Bay aufschlugen. Unser Tagesablauf beschränkte sich auf das Wesentliche, um uns möglichst viel Zeit zum Fischen lassen: Morgenrasur, Frühstück mit Schinken und Ei, ein Abstecher in die Stadt, um unseren Speisevorrat aufzufüllen. Ein streunender Hund zog sich unsere Feindschaft zu, er strich um unser Zelt in der Absicht, die Proviantasche umzustoßen und unsere Vorräte zu vertilgen. Besonderen Appetit hatte er auf die Steaks, die für unser Abendessen gedacht waren. Nachdem wir die Hausarbeit erledigt, Brötchen zubereitet, das Camp gesichert und den Hund vertrieben hatten, wollten wir den Tag mit Nassfliegenfischen an den langen Driftströmungen des Sees verbringen.

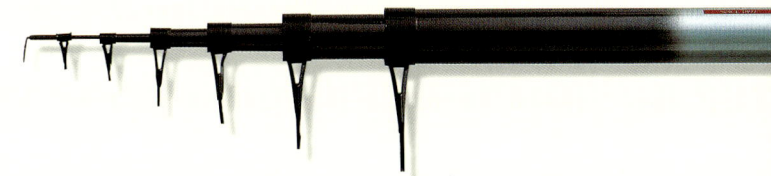

Das Mittagessen beabsichtigten wir auf einer der zahlreichen Inseln einzunehmen, wo wir Tee kochten und inmitten der verstreuten Kalksteinsplitter saßen, die spitz und tief eingerissen, in grotesken Formen herum lagen. Gereinigt und in einer schönen Einfassung könnte man sie für moderne Skulpturen halten. Bill, dem nie eine Gelegenheit für schnelles Geld entging, setzte einen Kalksplitter in den Sand hinter dem Feuer und nannte diesen in Anspielung an ein frühes Werk von Henry Moore „Der Geigenspieler". Manchmal legten auch andere Boote zum Mittagessen an, man erfuhr die neuesten Sportergebnisse und bekam unglaubliche Geschichten zu hören. Der Tee wurde immer in einem „Volcano" zubereitet, einem Gerät, dessen Name für sich spricht, und das ich bisher nur in Irland gesehen habe. Es ist aus Blech, der obere Teil wird mit Seewasser gefüllt, im unteren Teil ein kleines Feuer angemacht. Selbst an verregneten Tagen beginnt das Wasser mit Hilfe von ein wenig Benzin rasch zu kochen. Frischer Tee hat einen unvergleichlich besseren Geschmack als das Gesöff aus der Thermosflasche. Ich bin mir sicher, dass alte irische Kesselflicker den Volcano, den ich allzu gerne besitzen würde, hergestellt haben. Er ist meiner Meinung nach ein wichtiger Bestandteil des Bootfischens an irischen Seen.

Bill kannte von früheren Abenteuern die einheimischen Bootsmänner und auch den Großteil der Fischbruderschaft in der Stadt, von denen viele sich zum abendlichen Bier in Luke's Bar versammelten; dies war der Ort, der uns abends magisch anzog, um den Tag ausklingen zu lassen.

In Luke's Pub herrschte wie immer reger Betrieb. Luke war ein attraktiver Mann von fast militärischem Auftreten. Sowohl er als auch seine Frau Eileen waren ausgezeichnete Gastgeber. Auch die Bar, die sie führten, besaß Charakter; antike Schusswaffen funkelten in dem gedämpften Licht an den Wänden, Luke war ein eifriger Sammler von Kuriositäten. Es war ein warmer und freundlicher Ort, an dem Gespräche im Mittelpunkt standen. Spielautomaten oder Musikberieselung gab es hier nicht. Luke war – wie könnte es anders sein – auch ein eifriger Fischer mit besonderer Vorliebe für den Lough Carra, einen kleineren See, eine halbe Meile nordöstlich des Mask.

OBEN: *Maifliegenbox. Eine Antiquität, die ursprünglich zum Sammeln lebendiger Insekten für das Tippfischen verwendet wurde.*

Man hat mir gesagt, dass der Carra der alkalischste See Europas sei, was ich mir gut vorstellen kann. Sein Wasser ist überaus klar, was beim Fischen oft beunruhigend ist, weil man die Fische sieht, bevor sie die Fliege nehmen. Der Grund des Sees ist aus weißem Sand, und die Felsen im Wasser sind mit einer dicken Ablagerung von weichem, nachgiebigem Mergel bedeckt, als seien sie von der Natur mit Kotflügeln ausgestattet worden. Wenn man am Lough Mask auf einen Felsen auffährt, wird vermutlich das Boot zerbersten, am Carra eher der Fels. Die Grundfarbe des Wassers ist ein gelbliches Grün, das an verdünnten Zitronensaft

RECHTS: *Nick Zoll und Alex Mitchell bei taktischen Überlegungen in der* Sheelin Lady.

erinnert, und dessen Schattierungen je nach Wassertiefe variieren. Die Küstenlinie ist über weite Strecken von langen Schilfgürteln umsäumt.

An manchen Abenden steuerten Bill und ich nach dem Abendessen direkt auf das Pub zu, bevor wir noch einmal auf den Mask hinausfuhren, um mit der Köcherfliege zu fischen. Nach dem Tagesfischen war es irgendwie unheimlich, mit reglosen Rudern im Licht der Sterne in die Ballinachalla Bay zu gleiten, das Steigen der schweren Forellen, die nach den Köcherfliegen schnappten, hörte sich fast furchterregend an. Manche davon waren Fische der Fünf-bis-sechs-Pfund-Klasse. Wir banden eine Green Peter an und boten sie trocken an, obwohl sie auf dem Wasser nicht mehr zu sehen war. Dann und wann zogen wir die Fliege in kleinen Zupfbewegungen über die Oberfläche, um lebende Insekten nachzuahmen, die sich in Sprüngen über die Oberfläche fortbewegen. Wenn es zu dunkel ist, um die Fliege zu sehen, müsste man jedes Mal, wenn ein Fisch an der vermuteten Stelle steigt, den Anhieb setzen. Indem ich dies verabsäumte, ließ ich mir die einzige sich bietende Chance entgehen. Aufgeregt wie wir waren, blieben wir erfolglos und mussten ohne Fische umkehren.

Die irischen Fischer an diesen großen Seen sind ein durch und durch konservativer Menschenschlag. Sie fischen stromab mit einem Sortiment von drei Nassfliegen oder betreiben Tippfischen mit dem lebenden Insekt, einige wenige begnügen sich sogar mit dem langweiligen Schleppangeln. Sie sperren sich gegen Experimente und wollen, auch wenn ihre erprobten Methoden keinen Erfolg zeigen, keine neuen Strategien oder etwas von der Norm Abweichendes ausprobieren. Die Trockenfliege wird faktisch ignoriert. Das hat zwar eine gewisse Berechtigung, da sie im Allgemeinen an kleineren Seen fängiger ist. Welches Insekt an großflächigen Gewässern, wie dem Mask, schlüpft, variiert von Stelle zu Stelle, und bei Wellengang gehen die steigenden Fische ebenso auf Nassfliegen.

An ruhigen, sonnigen Tagen bieten kleine Trockenfliegen aber bessere (manchmal die einzigen) Chancen. Bill und ich entdeckten dies an einem Tag im späten August, als die Oberfläche des Sees spiegelglatt war und das Licht stark reflektierte. Als wir zur Lively Bay hochfuhren, bemerkten wir in der Ferne vereinzelt Steigzeichen, die auf das Kreuzen von Fischen schließen ließen. Wir hatten be-

OBEN: *Ich konnte der Versuchung nicht widerstehen, dieses Foto zur Feier eines großartigen Angeltages während der Maifliegensaison zu arrangieren.*

schlossen, es mit den winzigen Fliegen vor einer felsigen Küste zu versuchen, wo wir uns Unterstützung von sporadisch auftauchenden schwachen Brisen, die das Wasser kräuselten, erhofften. Innerhalb einer Stunde hatten wir beide eine über zwei Pfund schwere Forelle gefangen – Bill mit einer Ant, Größe 16, ich mit einer ähnlich kleinen Ginger Quill. An Tagen wie diesen bleiben die meisten Boote vertäut, die wenigen, die hinausfahren, fischen mit der Schleppangel. Wir begegneten einem Boot, in dem zwei wahre Mask-Kenner saßen, die es hartnäckig, wenn auch mit wenig Hoffnung, mit traditionellen Nassfliegen versuchten. Sie waren erstaunt, dass unsere winzigen Fliegen erfolgreich waren.

Der Lough Mask hat sich mittlerweile als Austragungsort der jährlich stattfindenden Weltmeisterschaft im Forellenfischen mit Nassfliegen etabliert. 1985 wurde diese Veranstaltung hier zum einundzwanzigsten Mal abgehalten. Seit den bescheidenen Anfängen mit achtzig oder neunzig Teilnehmern in den ersten Jahren ist diese Meisterschaft immer beliebter und angesehener geworden. 1985 wurde mit 371 Fliegenfischern aus vielen Ländern ein neuer Beteiligungsrekord erzielt.

Ein Fliegenfischwettbewerb, der einen so grandiosen Titel trägt, muss etwas Besonderes sein. Eine Kombination von zwei Faktoren macht den Reiz dieses Wettbewerbs aus: Der Ruf, dass es sich um eines der weltbesten Gewässer für Wildforellen handelt, und das Geschick der Bootsmänner. Viele der Bootsmänner sind wirklich originelle Charaktere. Sie kennen den See wie ihre Westentasche und garantieren dem Fischer vollen Einsatz, da sie sich selbst Tag für Tag um den Preis des besten Bootsmannes bewerben. Preisfischen ist nicht meine Sache. Ich habe nichts dagegen, nur übe ich diese Kunst, die ich als Junge erlernte, heute der Entspannung wegen aus. Es ist meine Art, Stress abzubauen und beim leisen Plätschern der Wellen wieder zu Harmonie und Ganzheit zu finden.

Nachdem der Allmächtige Corrib, den Mask und all die anderen herrlichen, großen Seen Irlands erschaffen hatte, fehlten noch die Menschen, um diese Gewässer zu befischen. So formte er drei Gestalten: den Schleppangler, den Tippfischer und den Fliegenfischer. Der Schleppangler hatte breite Schultern und eine kastenförmige Statur, der Tippfischer war etwas beleibter, was ideal für die Belastung des Bootes war, der Fliegenfischer hingegen war geschmeidiger und hatte eine höhere Reaktionsgeschwindigkeit. Natürlich sind viele von uns in der langen Geschichte der Evolution zu Hybriden, vielseitigen Fischern, geworden.

Der Held meiner Geschichte ist eine ganz gewöhnliche Schmeißfliege. Obwohl man sie nicht als klassischen Köder für das Tippfischen bezeichnen könnte, kann sie für eine Forelle tödlich sein, wie sich an diesem Tag zeigte. Für Bill war das nichts Neues, da er als junger Bursche im nördlichen England das Fischen an den vielen kleinen Rinnen und Bächen erlernt hatte, die sich dort zwischen den Hügeln ihren Weg bahnen. Er lernte die geheimsten Verstecke der Forelle kennen, tiefe Löcher unter den Büschen, in die sich das dunkle Gewässer während des Hochwassers eingegraben hatte. Dies waren die begehrtesten Standplätze in den Flüssen, in denen sich die besten Forellen aufhielten, die jeden Sommer fetter wurden, da die Windbrisen von den tiefhängenden Zweigen zahlreiche Insekten auf das Wasser bliesen. An diesen Zufluchtsorten, in denen sie allenfalls für einen Wurm oder eine Elritze erreichbar waren, waren sie vor der Fliege eines Anglers in Sicherheit.

Wie eine Katze war Bill diesen Forellen nachgepirscht, bis er seine Rutenspitze durch die Zweige stecken und eine Schmeißfliege auf das Wasser senken konnte. Nur wenige Meter vom Steinbruch entfernt, verlangte diese Art des Fischens großes Geschick, ein sicheres Urteil und die Geduld Hiobs, da sich die Schnur häufig verhedderte, ganz zu schweigen von den Schwierigkeiten, den Fisch, wenn er angehakt war, zu landen. Jedenfalls war dies eine ausgezeichnete Schule; wer Forellen auf diese Weise herausholen konnte, fing sie überall.

Die Schmeißfliege hat einen üblen Ruf und wird von den meisten als Plage und Bedrohung der Hygiene betrachtet. Sie weckt den in uns schlummernden Killerinstinkt, wenngleich ich mich manchmal frage, ob die parfümierten Sprays, die Hausfrauen heute verwenden, nicht schädlicher sind. Ob man sie mag oder nicht, die Schmeißfliege ist ein Geschöpf von großer Schönheit, dessen grünblau schillernder Körper im Sonnenlicht wie ein Juwel funkelt. Seit den Tagen der Kindheit hatte keiner von uns die Schmeißfliege vom Standpunkt der Fischerei aus ernsthaft in Erwägung gezogen, bis sie uns mehr oder weniger zufällig wieder in Erinnerung kam.

Da das Ende unserer Urlaubswoche nahte, beschlossen wir an einem warmen Abend, zum Abendessen nach Ballinrobe zu gehen, um uns die Mühe des Kochens zu ersparen. Außer uns befand sich nur ein weiterer Gast im Speisesaal des Railway Hotels, in dem wir nach dem Essen noch eine Weile bei Kaffee und Zigarre zubrachten. Die Servierin hatte unser Gedeck noch nicht abgetragen, was alsbald eine große Schmeißfliege anzog, deren Auftauchen Bill an frühere Triumphe erinnert haben muss. Nach Bezahlung der Rechnung verließen wir das Hotel mit zwei Schmeißfliegen in einer Zündholzschachtel.

Als wir am nächsten Morgen auf den See hinausfuhren, hatten wir die beiden armen Kreaturen völlig vergessen. Die Forellen waren kaum zu bewegen. Zwei winzige Fische waren die ganze Beute der ersten zwei Stunden. Wir hatten gerade eine neue Strömung nicht weit vom Eingang zur Caher Bay in Angriff genommen,

OBEN: *Das Mittagessen ist ein wichtiger Bestandteil des Forellenfischens an den irischen Seen. Die Fischer versammeln sich, besprechen Taktiken und erzählen sich Geschichten.*

als Bill nach einem Streichholz griff, um seine Zigarre anzuzünden, und sich plötzlich an die beiden Bewohner der Schachtel erinnerte.

Der Wind war geeignet zum Tippfischen, stellenweise begann die Sonne die Wolkendecke zu durchbrechen. Falls es einen richtigen Zeitpunkt für das Fischen mit Schmeißfliegen gab, dann jetzt. Bill wechselte die Ruten und senkte die erste unserer zwei Schmeißfliegen auf das Wasser. Am Kamm einer rollenden Welle verlor sie sich in der Weite des Sees, doch selbst aus der Entfernung konnten wir die schillernde Pracht ihrer Farben sehen. Nach wenigen Minuten breitete sich ein kleiner Kreis auf dem Wellenrücken aus, auf dem die Schmeißfliege trieb – so ruhig hatte die Forelle den Köder genommen. Bill machte alles richtig: Er senkte seine Rutenspitze, ließ sich Zeit und drillte alsbald einen ansehnlichen Fisch, den er sicher ins Boot einholte.

Er übergab mir die Rute mit der schroffen Bemerkung: „Du bist dran, und denk' daran, dass wir nur noch eine haben. Bau' also keinen Mist."

LINKS: *Stuart Mcteare, ein Fliegenfischer und außergewöhnlicher Gastgeber, beim Aussuchen der idealen Mayfly.*

Unsere zweite und letzte Schmeißfliege wiederholte die Vorstellung und brachte mir eine prächtige, zweieinhalb Pfund schwere Forelle, die jener, die bereits im Boot lag, wie ein Zwilling glich. Zwei Schmeißfliegen von schmutzigem Geschirr, ein flüchtiger Sonnenstrahl, zwanzig Minuten Fischen und fünf Pfund Forellen – keine schlechte Bilanz.

Wir legten zum Mittagessen an und suchten vergeblich nach weiteren Schmeißfliegen. Unsere Ankunft hatte Kühe angelockt, die sich neugierig um uns versammelten. Das einer Schmeißfliege ähnlichste Insekt, das wir bekommen konnten, war eine Dungfliege. Davon gab es genug, doch wir fingen keine einzige. Ihr Name verrät ihren Aufenthaltsort, und das einzige Ergebnis unserer Bemühungen war, dass unsere Brötchen einen seltsamen neuen Geruch annahmen.

Am nächsten Tag gingen wir nach Ballinrobe, um uns wieder mit Schmeißfliegen einzudecken. Als wir ankamen, waren bereits alle Läden geschlossen. Mit sehnsüchtigem Blick standen wir vor der Auslage des Metzgers, nur eine Glasscheibe trennte uns von den schönsten Schmeißfliegen, die man sich vorstellen kann. Schließlich ernähren sie sich von den besten Steaks von Mayo. Vielleicht war

LOUGH MASK / DAVID STREET

es auch ein Glück, dass der Laden geschlossen war, denn es wäre doch ein wenig ungewöhnlich gewesen, in einer Metzgerei Schmeißfliegen zu verlangen statt Fleisch. Es war unser letzter Tag, die durchbrechende Sonne tauchte ihn in goldenes Licht, als ob sie die Schmeißfliegenfischer noch ein letztes Mal herausfordern wollte.

UNTEN: *Der Lough Sheelin zur magischen Stunde vor Sonnenuntergang, wenn die großen Forellen auftauchen, und der Puls des Fischers schneller wird.*

IRLAND: INFO

WISSENSWERTES

Piscator non solum piscatur: „Fischen ist mehr als Fische fangen." So lautet das Motto des berühmten Fliegenfischer-Clubs in London. Keine der in diesem Buch beschriebenen Gegenden veranschaulicht dies so deutlich wie Irland, wo Witz und Weisheit der Bootsmänner und das tägliche Ritual von Lunch und Tee auf einer einsamen Insel ebenso zum Fischen gehören wie das Anbinden der Fliege.

Zwar hat Irland auch Lachs- und Forellenflüsse, doch ist es vor allem wegen der Forellenseen (loughs) im Landesinneren und an der Westküste bekannt. Diese fantastischen Seen, die in die Kalksteinschicht Irlands eingebettet sind und durch ihren hohen pH-Wert ein reiches Insektenvorkommen besitzen, sind ein Eldorado für Forellen. Sheelin hat angeblich die höchste natürliche Wachstumsrate von Süßwasser-Bachforellen von ganz Europa.

An den meisten Seen beläuft sich das durchschnittliche Gewicht der Fische auf zwei Pfund, doch sind an einigen Gewässern, wie am Sheelin, auch vier Pfund möglich. Diese Forellen mit ihren Leopardenflecken und dem goldenem Bauch sind äußerst schwierig zu fangen. Wenn sie sich stur zeigen, ist die beste Strategie der Rückzug in eines der vielen Pubs am See, wo man die Situation bei einem Guinness in Ruhe überdenken kann.

REISEZEIT

Das Fliegenschlüpfen beginnt an den meisten Seen mit dem Schlüpfen der Midge im März. Im April folgen die Duckfly und die Olivbraune Eintagsfliege. Mit dem Auftauchen der Maifliege erlebt die Fischerei an allen irischen Forellenseen ihren Höhepunkt. Anfang Juni ist die Maifliegenzeit im Wesentlichen vorbei, und die Fische sind schwer an die Oberfläche zu bewegen, da sie Jagd auf die in den meisten Seen reichlich vorhandenen Schulen kleiner Fische machen. Erst Ende Juli, im August und im September, sprechen sie wieder auf große

LINKS: *Ich mit einer prächtigen fünf Pfund schweren Bachforelle vom Lough Sheelin, die ich in der Dämmerung beim ersten Wurf mit einer Murrough fing.*

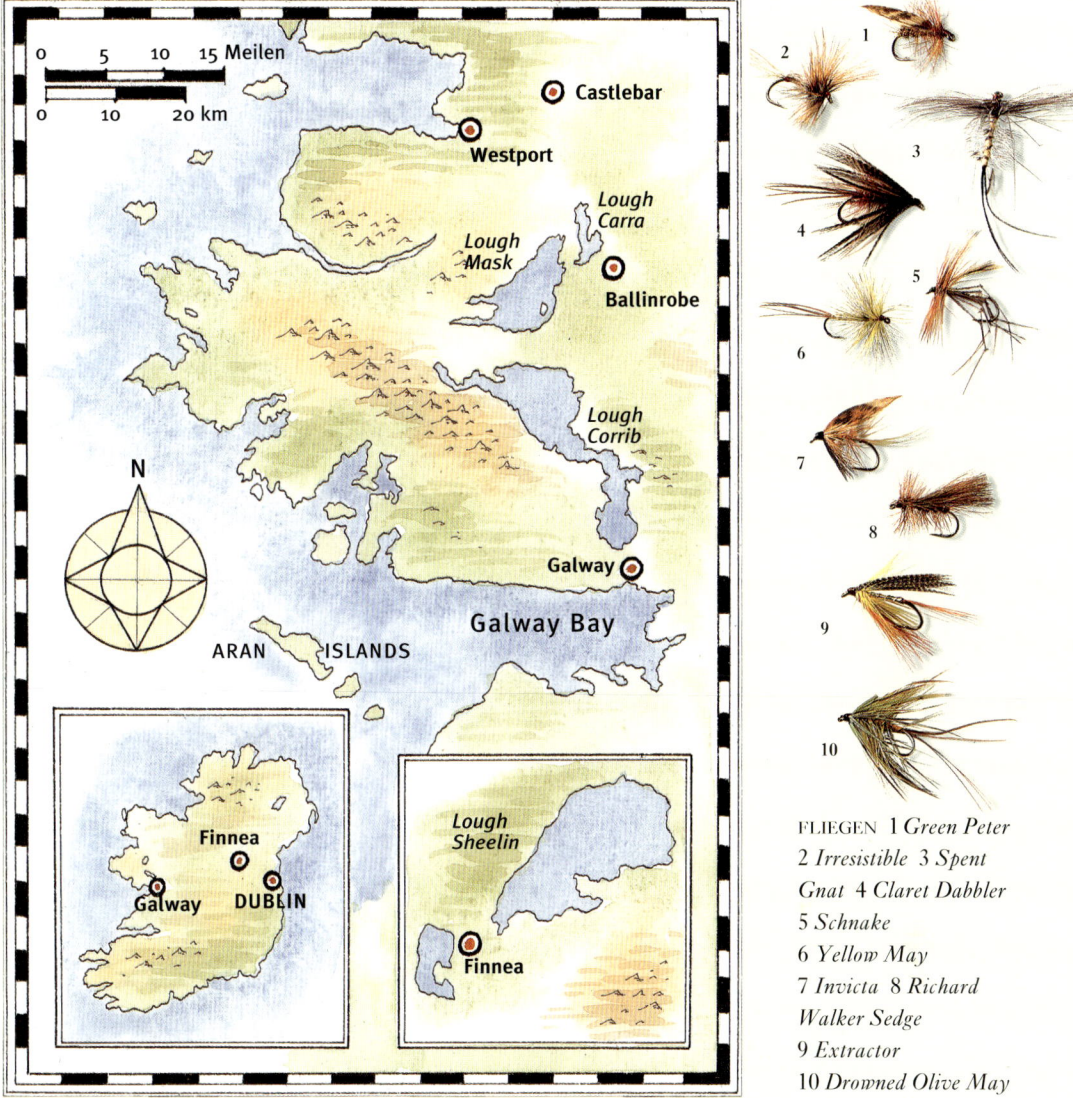

FLIEGEN 1 *Green Peter*
2 *Irresistible* 3 *Spent Gnat* 4 *Claret Dabbler*
5 *Schnake*
6 *Yellow May*
7 *Invicta* 8 *Richard Walker Sedge*
9 *Extractor*
10 *Drowned Olive May*

Köcherfliegen (Caddis), Schnaken und Heuschrecken an. Boote sind an den meisten Seen relativ einfach zu bekommen. Es ist aber vor allem im Mai ratsam, die Unterkunft im Voraus zu buchen.

ANGELGERÄT

RUTEN: Einhändige 2,7–3,3 Meter lange Ruten für Schnurklasse 5–7.
ROLLEN: Auf die Ruten abgestimmte Direct-drive-Rollen.

SCHNÜRE: Schwimmschnüre, vorzugsweise eine Intermediate-Schnur mit Sinktip.

VORFÄCHER: 2,7–4,5 Kilogramm Tragkraft.

FLIEGEN: Eine größere Auswahl bietet sich an, aber die Favoriten sind: Duckfly, Mayfly (Wulff oder Shadow), Green Peter und Murrough Sedges, Bumble-Muster (Claret, Golden und Olive), Fiery Brown, Kingsmill, Invicta, Teal Blue und Silver, Bloodworm, Hoppers und Daddy Longlegs.

Tierra del Fuego

Argentinien

Brian Clarke

„Es gab viele unvergessliche Fische, wie etwa jenes herrliche Exemplar, das angehakt auf der gegenüberliegenden Bank hochsprang, um sich zu orientieren, und dann sogleich, kampfbereit, in das Wasser zurücksprang. Oder jener Fisch, der über meinen Kopf hechtete, während ich brusttief im Wasser watete, und der eine rubinrote Spur in der roten, untergehenden Sonne hinter sich zurückließ."

ARGENTINIEN

Ich muss noch ein Junge gewesen sein, als mir der Name erstmals auffiel. Ich weiß nicht, auf welcher Landkarte oder in welchem Buch, doch scheint der Name immer da gewesen zu sein. Er flog durch meine Fantasie wie ein lodernder Pfeil. Tierra del Fuego! Feuerland! Welche Bilder dieser Name beschwört: Vulkane und Lava, Ureinwohner auf einer Landzunge, deren Gestalten sich silhouettenhaft vor einem Flammenmeer abzeichnen. In meiner Fantasie steht der Name für den entlegensten Ort, den man sich vorstellen kann. Tierra del Fuego, das Ende der Welt.

An diesem außergewöhnlichen Ort verändert sich nicht viel, alles bleibt, wie es war. Flugzeuge verkürzen lediglich die räumliche Distanz. Heute kommen fast jede Woche Flugzeuge mit Anglern in den südlichen Herbst, bevor die stürmischen Elemente entfesselt sind. Die Flugzeuge kommen von Buenos Aires, teils über die Küste, teils über Ödland. Sie landen am Río Grande-Flughafen an der Mündung des Río Grande, des berühmtesten Meerforellenflusses der Welt.

Einmal befischte ich den Río Grande eine Woche lang. Lange danach wurde die Erinnerung an diese Woche, dank einer Panne der Post, in mir wachgerufen.

Mein Enkel spielte hingegeben mit seinem neuen Auto-Transporter und fragte mich, ob der Weihnachtsmann auch zu mir gekommen wäre. Natürlich war er das. Er hatte ein kleines Paket in meinen Briefkasten geworfen. Dieses enthielt etwas, was ein Fotolabor angeblich nie erhalten hatte: eine Diaserie, die in Tierra del Fuego aufgenommen wurde.

Die Bilder wischten den Schleier von Zeit und Distanz beiseite. Eines rief die unvergesslichste Stunde meiner Fischerlaufbahn in mir wach. Ein anderes zeigte schwarz auf weiß eine Meerforelle, die die kühnsten Vorstellungen übertraf.

Es ist lange her, dass ich am Río Grande fischte. Der Fluss liegt wie ein Spalt über dem Steißbein von Südamerikas Rückgrat. Er fließt im Osten der Anden durch trostlos schöne Ebenen mit endlosem Horizont und mündet, etwa in der Mitte zwischen der Magellanstraße und dem Kap Hoorn, in den südlichen Atlantik.

Ich fischte von der Kau Tapen-Lodge aus, die zwanzig Meilen landeinwärts an einer staubigen, gewundenen Straße lag. Wir waren zu sechst: drei Argentinier, zwei Amerikaner und ich. Wir fischten alleine oder zu zweit, immer in Begleitung eines professionellen Guide, der mit Ersatzfliegen und einem riesigen Kescher, in dessen Griff eine Federwaage eingebaut war, ausgerüstet war.

Wir fischten trotz der berühmten Größe der Río Grande-Meerforellen nur mit einhändigen Forellenruten. Ich verwendete eine 2,7 Meter lange Karbonrute für 7er-Schnüre mit einer Griffverlängerung, die meine Handgelenke entlastete, einer Rolle mit hoher Kapazität und Scheibenbremssystem und einer WF-Sinkschnur.

OBEN: *Tom McGuane beim Auswerfen auf Meerforellen am Villa Maria-Wasser am Río Grande.*

RECHTS: *Fliegentausch am späten Abend am Río Grande. In den letzten Minuten vor Einbruch der Dunkelheit scheinen die Meerforellen alle Vorsicht in den Wind zu schlagen. Aggressiv schnappen sie nach der Fliege.*

RECHTS: *Ein* asado *– ein Grillfest mit Lamm und Rotwein nach dem Abendfischen.*

Die Schnur hat ebenso viel mit dem Wind wie mit dem Wasser zu tun. Der Río Grande ist an den meisten Strecken leicht zu durchwaten, ideal für das Fliegenfischen. Bei ruhigem Wetter wäre eine Schwimmschnur ideal. Doch während meines Aufenthalts blies fast unablässig der Wind. Er wurde zu einem lebendigen Wesen, einem Tyrannen. Er pfiff um meine Rute wie durch die Takelage eines Schiffes und schlug mir den Regenmantel um den Kopf wie ein loses Segel. Er trieb mir Tränen in die Augen, brannte auf meinen Wangen und ließ, wenn er von hinten anstürmte, sogar meine Ohren schlenkern.

Wenn der Wind nachließ, teilten wir den hohen, weiten Himmel mit kreisenden Kondoren und lärmenden Magellangänsen. Wir teilten die honigfarbenen Ebenen mit honigfarbenen Guanakos, lamaähnlichen Tieren, die uns nervös beobachteten. Wir teilten das Wasser mit Bisamratten, Bibern und Fischen.

Ich hatte befürchtet, dass ich durch meine frühe Ankunft Anfang Januar – die Saison dauert von Januar bis Ende März – die wichtigsten Fischwanderungen verpassen würde. Aber der Fluss war bereits voller Fische: da ein Wälzen, dort ein silbernes Blinken, andere lagen mürrisch reglos in den langen, breiten Pools.

In Alaska gibt es Flüsse, die dem Río Grande gleichen: weite Flussbögen, die vom Flussbett bis zur Oberfläche, von einem Ufer zum anderen voller Lachse sind. Doch ist das Fischen in Alaska zu diesen Zeiten einfach. Ein Fisch bei jedem Wurf ist möglich, der Tag geht früher zu Ende als die Energie.

Hier gab es Fische in Hülle und Fülle, doch verlangten sie großen Einsatz. Wir kamen zwar auf unsere Rechnung, doch war die Beute zum Großteil hart erkämpft.

Und was für Fische das waren! In den meisten Flüssen Großbritanniens wiegen die Meerforellen ein, vielleicht zwei Pfund. Ein Dreipfünder ist schon etwas Nettes, Freunde hörten von Vierpfündern, Fünfpfünder werden auf Weihnachtskarten für alte Anglerfeinde zitiert.

An sechs langen Tagen und einem Abend am Río Grande fing ich dreiundzwanzig Meerforellen, was durchaus nichts Außergewöhnliches ist. Die Kleinste wog fünf Pfund. Das Durchschnittsgewicht lag etwas unter zehn Pfund. Der Größte war - naja, wirklich sehr groß.

Anfangs fing ich ein, zwei Fische, mit dem Fortschreiten der Woche erhöhte sich die tägliche Ausbeute allmählich – die ideale Entwicklung eines Angelaufenthaltes.

Es gab viele unvergessliche Fische, wie etwa jenes herrliche Exemplar, das angehakt vor der gegenüberliegenden Bank hochsprang, um sich zu orientieren, und dann sogleich, kampfbereit, in das Wasser zurücksprang. Oder jener Fisch, der über meinen Kopf hechtete, während ich brusttief im Wasser watete, und eine rubinrote Spur in der roten, untergehenden Sonne hinter sich zurückließ.

LINKS: *Die Dämmerung kann während der Sommermonate in Feuerland eine Stunde lang dauern. Die spektakulären Sonnenuntergänge lenken vom Fischen ab.*

OBEN: *Die Schatten über den goldenen Hügeln werden länger.*

ARGENTINIEN

OBEN: *Ein entschlossener Angler macht sich am späten Nachmittag auf den Weg zum Río Gallegos – ein „heißer" Tipp für Meerforellen.*

Unvergesslich sind auch die Fische auf den Fotos: eines erinnert mich an meinen besten Tag, das andere verewigt die Meerforelle meines Lebens.

Mein bester Tag begann an einem langen Pool, dessen gegenüberliegendes Ufer sehr hoch war. Dieses wurde, wie mein Guide meinte, zumeist vom stromaufwärts gelegenen Ende und vom anderen Ufer aus befischt. Ich erwähne dies, weil ich trotz der Unannehmlichkeiten der hohen Bank für das Auswerfen das untere Ende dieser Seite bevorzugte. Begleitet von Kopfschütteln und spanischen Unmutsäußerungen watete ich hinüber. Beim ersten Wurf hatte ich einen Fisch an der Leine, der plötzlich die Oberfläche durchschlug und wieder abkam. Beim zweiten Wurf verspürte ich ein festes Ziehen, versäumte aber den Anhieb. Der dritte Wurf brachte einen derart gewaltigen Anbiss, dass mir das Herz bis zum Halse schlug.

Von einer unsichtbaren Macht gezogen stolperte ich flussabwärts, fiel über einen Ast, der weiß und ausgebleicht wie ein alter Knochen im Wasser lag, bevor ich die Forelle schließlich landete. Wir lösten den hakenlosen Köder, mein amerikanischer Freund schoss von mir, meinem Guide und der Forelle das Foto, das ich jetzt betrachte. Schließlich setzten wir die Trophäe wieder frei, wie wir es in dieser Woche mit jedem Fang taten. Die Forelle wog dreizehn Pfund.

Ich ging zurück zur selben Wurfstelle. Ein weiterer Wurf, ein weiterer zuckender Anbiss, ein weiterer atemloser Kampf auf Biegen und Brechen – ein Zehnpfünder. Der nächste Fisch biss mit solch plötzlicher Wucht an, dass ich nur noch der zerrissenen Schnur nachsehen konnte, die stromabwärts trieb.

Ein neues Vorfach, eine neue Fliege, ein neuer Wurf und ein neuer Fisch, dies Mal ein sich überschlagender Siebenpfünder, der dreißig Meter flussabwärts war, bevor ich die lose Schnur einholen und ihm folgen konnte. All dies ereignete sich in weniger als einer Stunde, und es sollte noch ein weiterer Dreizehnpfünder folgen.

Die Forelle meines Lebens kam am letzten Tag. Sie kam aus der Verengung eines tiefen, schnellen Pools: ein Monsterfisch mit fassförmiger Brust, der bis zur Schwanzflosse unglaublich dick war. Das Landen dauerte unendlich lange, immer wieder wandte er sich vom Netz ab und schwänzelte über die Untiefen der Mitte zu; doch allmählich wurde er müde. Ich legte den Fisch behutsam ins Gras und meine Rute daneben, um einen Eindruck von seiner Größe zu bekommen und griff zur Kamera. Klick. Genau siebzehn Pfund.

Der Fisch war so erschöpft wie ich. Ich verhalf ihm zu Kräften, indem ich ihn zur Strömung hielt. Ich fühlte, wie er zuckte, wie sich seine Brustflossen allmählich weiteten, sah, wie er langsam Sauerstoff schluckte; dann entglitt er mir, weg war er.

Ja, sagte ich zu meinem Enkel, der Weihnachtsmann ist dieses Jahr zu mir gekommen. Er trug eine blaue Uniform, kam am hellichten Tag auf einem Fahrrad und hat mir auch einen Transporter gebracht.

UNTEN: *Bei Einbruch der Dunkelheit wirft Yvon Chouinard auf das gegenüberliegende Ufer aus, wo man die Meerforellen hören, nicht sehen kann.*

ARGENTINIEN: INFO

WISSENSWERTES

Patagonien mit seinen hoch gelegenen, kalten, sauberen Flüssen, an denen es kaum Verschmutzung oder natürliche Feinde gibt, ist mit einem weiten Netz von Flusseinzugsgebieten überzogen, die alle Voraussetzungen für die Forellenfischerei bieten. Eine Vielzahl von Krautbetten, die für Sauerstoff sorgen, und das große Vorkommen von Süßwasser-Krebstieren und Insekten bieten die ideale Umgebung für Forellen. Ende der 20er, Anfang der 30er Jahre wurden befruchtete Forellen- und Lachseier von Nordamerika und Europa nach Argentinien verschifft.

Zu den ursprünglichen Fischbeständen zählen der Atlantische Lachs, Regenbogen- und Bachforellen sowie Bachsaiblinge. Im Süden Patagoniens waren die erfolgreichsten Fischgattungen die Loch Leven- und die Themse-Bachforellen, die von England importiert wurden. Neben einer nicht wandernden Flussforellenpopulation hat sich Ende der 50er Jahre, Anfang der 60er Jahre eine meerwandernde Gattung dieser Fische am Río Grande, dem Río Gallegos und einigen kleineren Flüssen etabliert.

Mit der Verbreitung der Catch-and-release-Methode kehrten immer mehr Fische zurück, und der Río Grande und der Río Gallegos wurden zu erstklassigen Fischgebieten für Meerforellen mit reichen Beständen von hoher Durchschnittsgröße.

REISEZEIT

Die Saison beginnt Anfang November und endet Mitte April. Zwar ist das Angebot an Fischen die ganze Saison hindurch gut, doch ist die beste Zeit in Hinblick auf Wetter und Gesamtzahl der Fische von Januar bis März. Man sollte bedenken, dass einige der größten Fische in den ersten Monaten zurückkehren, und dass sich die zurückgekehrten Fische gegen Ende der Saison gleichmäßiger über den ganzen Fluss verteilen, wodurch das tägliche Fangergebnis steigt.

LINKS: *Tom McGuane und der Guide Steve Estela landen am Villa Maria-Revier am Río Grande einen 25-Pfünder, der wieder freigesetzt wird. Der mit einem Bomber gefangene Fisch war die größte Beute des Jahres 1998 mit der Trockenfliege.*

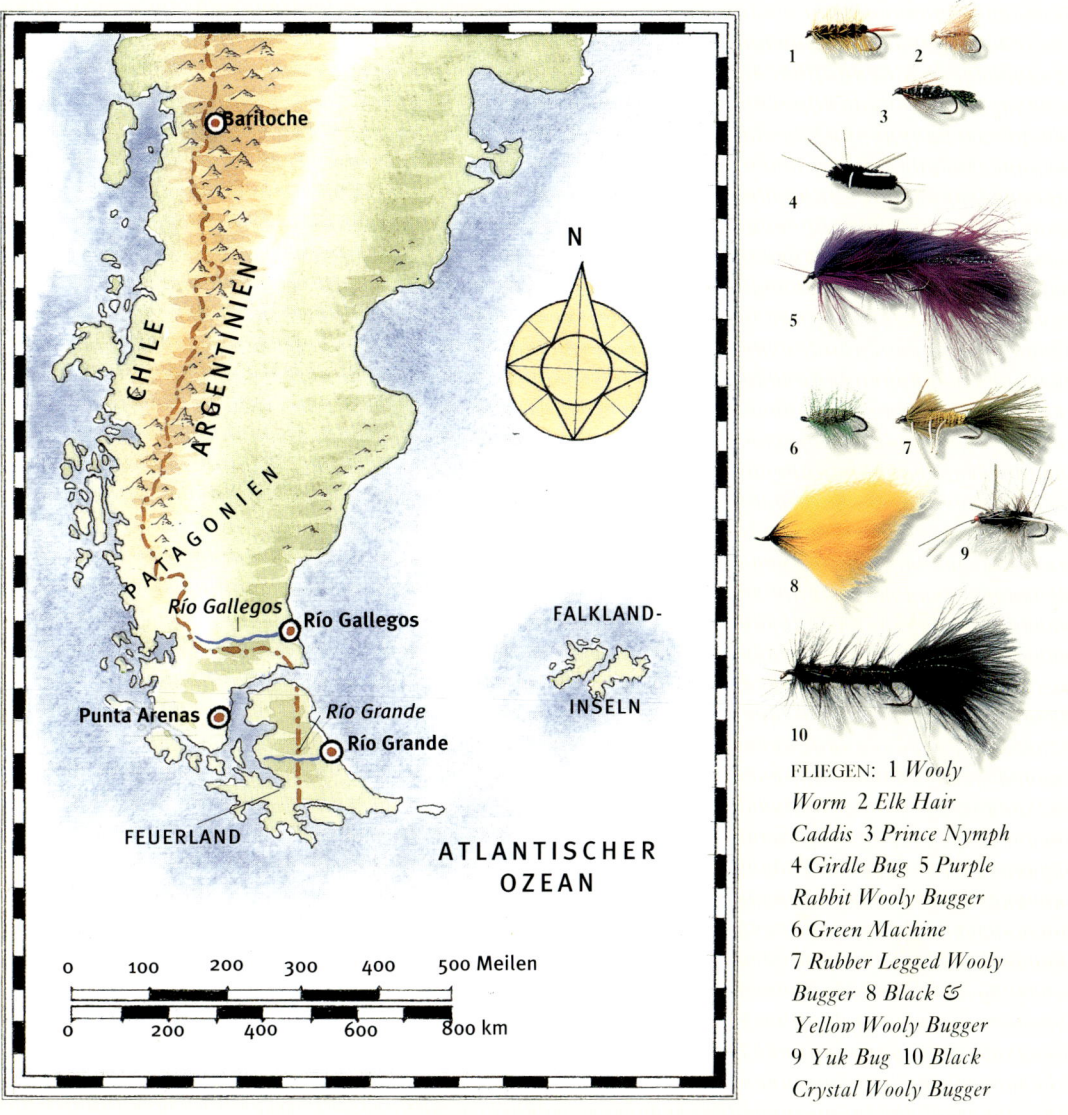

FLIEGEN: 1 *Wooly Worm* 2 *Elk Hair Caddis* 3 *Prince Nymph* 4 *Girdle Bug* 5 *Purple Rabbit Wooly Bugger* 6 *Green Machine* 7 *Rubber Legged Wooly Bugger* 8 *Black & Yellow Wooly Bugger* 9 *Yuk Bug* 10 *Black Crystal Wooly Bugger*

ANGELGERÄT

RUTEN: Einhändige, 2,7 Meter lange Ruten für Schnüre der Klasse 8 oder 9. Zweihändige, 3,6–4,3 Meter lange Ruten für Schnüre der Klasse 8–11.

ROLLEN: Direct-drive-Rollen mit gutem Bremssystem und mindestens 130–180 Meter Backing.

SCHNÜRE: Alle Fliegenschnüre von Schwimmschnüren bis zur „Teeny 300" oder „Deepwater Express"-Schnüren.

VORFÄCHER: Vorfächer mit mindestens 4,5 Kilogramm Tragkraft.

FLIEGEN: Bei der argentinischen Meerforelle sind viele Fliegen fängig: Bomber, große Wulff-Trockenfliegen bei klaren Wasserbedingungen. Muddler, Zonker, Wolly Bugger und andere Streamer werden in schwererem, kälteren Wasser nass gefischt. Auch andere traditionelle Muster haben sich als effizient erwiesen.

Wo der Süden beginnt

Chile

Roderick Haig-Brown

„Die meisten Pools in diesem Bereich des Río Quepe haben starke Strömungen, sind tief und dunkel, eher eng und kurz. Am oberen Ende eines solchen Pools fing ich mit der grünen Fliege eine hübsche viereinhalb Pfund schwere Bachforelle. Kurz darauf bat ich Fonfach anzuhalten, um einen Pool befischen zu können, an dem ein etwa sechzig Meter breiter Wasserfall vor einer Uferbank voll blühender Fuchsien herabrauschte. Ein weiterer Vierpfünder stand unmittelbar vor dem Wasserfall, als er die Fliege nahm, entstand ein bronzefarbener Wirbel."

Jacko Edwards ist ein Zeitungsmann aus Santiago, ein eifriger Fliegenfischer und früheres Mitglied des internationalen chilenischen Tunfisch-Teams. Der lebhafte Mann, mit Charme und besten Manieren, ist Chilene, wurde aber in England geboren, während sein Vater dort in diplomatischem Dienst war. Die Schule besuchte er in Paris, bevor er im Alter von achtzehn Jahren nach Chile zurückkehrte.

Temuco ist eine Stadt mit etwa sechzigtausend Einwohnern, ein sauberer, hübscher Ort mit einigen guten Läden, die Produkte anbieten, die ein Tourist im Süden nicht immer findet, wie Angelgeräte, Filme und Scotch Whisky. Ich hatte alles, was ich brauchte. Ich bin kein passionierter Fotograf und hatte nicht die Absicht, in einem Land, das einen anständigen Gin, mehrere Brandys, einen köstlichen Traubenbrand namens Pisco und Weine, die neben den Franzosen nach ihresgleichen suchen, herstellt, Whisky, Scotch oder sonst was zu trinken. Ich berichte über diese Einkaufsmöglichkeiten aus Respekt vor den Menschen von Temuco, und um dem arroganten Vorurteil entgegenzuwirken, dass die Einkaufsmöglichkeiten in Chile, abgesehen von Santiago, primitiv seien. Ich kenne außer Osorno und Puerto Varas ein Dutzend Orte, die ebenso am Puls der Zeit sind wie Temuco.

Temuco brüstet sich noch immer, eine Grenzstadt zu sein, wie der Name des ausgezeichneten Hotel de la Frontera vermuten lässt. Hier beginnt der Süden, wie die Vegetation entlang der nahegelegenen Flüsse bestätigt. Und es ist das Herz des Indianerlandes, des Landes der Araucanas, jenes stolzen Volkes, das die Eroberung durch die Spanier nie akzeptierte. Ich spreche vom Herzen ihres Landes, weil hier, hundertsechzig Kilometer nördlich von Temuco, angeblich Pedro Valdivia, der Begründer Chiles, von den Indianern auf einem Felsvorsprung, der den Río Laja überragt, getötet wurde; der letzte große Krieg wurde um das etwa achtzig Kilometer weiter südlich gelegene Villarrica geführt. Auch sah ich in der Nähe von Temuco mehr Vollblutindianer als irgendwo sonst. Denn eigentlich war die Heiratspolitik zwischen den Ureinwohnern und den weißen Invasoren so liberal, dass das Land zwischen Eroberern und Eroberten zum dauerhaften Vorteil beider Parteien fair aufgeteilt wurde.

Jacko hatte bereits Vorkehrungen für das Fischen getroffen. Nach langen Vierzehn-Stunden-Tagen am Río Laja und Río Maule war ich etwas schockiert, als wir um 4.30 Uhr morgens aus unseren bequemen Betten mussten, weil der klapprige Lastwagen um 5.00 Uhr vor dem Hoteleingang startete.

Der Lastwagen transportierte zwei Boote, uns, zwei Bootsmänner, einen Fahrer und einen Helfer, dessen Aufgabe es war, beim Ausladen der Boote zu helfen.

Wir ruckelten etwa dreißig Kilometer über eine holprige Straße zu einer Brücke über den Río Cautin, parkten den Lastwagen so nahe am Wasser wie möglich und

RECHTS: *Der Lago Yelcho ist ein uralter, tiefer Gletschersee im Süden Chiles, der bei den Fischern wegen seiner Zu- und Abflüsse Río Futaleufú und Yelcho berühmt ist.*

OBEN: *John Jenks, unser Gastgeber von den Patagonia Outfitters bereitet das sehnsüchtig erwartete asado (Grillfest) am Flussufer vor.*

ließen die Boote ins Wasser. Der Fahrer, selbst ein begeisterter Fischer, wünschte uns viel Erfolg, und wir fuhren auf den Fluss hinaus.

Mein Bootsmann, Gemán Fonfach, war ein würdevoller Mann von mittlerem Alter und mächtigem Körperbau, der die Zuversicht der Erfahrung ausstrahlte. Er stand im Ruf, der beste Bootsmann im Umkreis von Temuco zu sein und war ein begeisterter Fliegenfischer und Fliegenbinder. Er nahm mich sofort unter seine Fittiche, prüfte meine Fliegenboxen und verkündete nachdrücklich seine Vorliebe für große, olivfarbene und gelbbraune Fliegen. Seine Lieblingsfliege war die Norton, die mir eine sehr große Steinfliegenimitation zu sein schien, außerdem eine große Green Drake-Fliege oder der San Pedro-Streamer, dessen Flügel aus langen, gelbgestreiften Hahnenhecheln besteht. Mac's Gray Ghost, die uns am Río Laja gute Dienste geleistet hatte, lehnte er ab, ebenso eine braune Garnelen-Fliege, die mir manch guten Fisch eingebracht hatte. Doch ließ er mich auch selbst eine Fliege aussuchen, die mit grüner Chenille und mehrfarbigen Polarbärenhaaren gebunden und viel kleiner war als seine Favoriten.

All das interessierte mich brennend, da ich wusste, dass ich in Chile häufig mit Bootsmännern fischen würde. Benötigt man einen Guide, ist seine Persönlichkeit von entscheidender Bedeutung, will man einen guten Tag haben. Die Auswahl der Fliege macht mir vor allem beim Nassfischen keine Probleme, doch hatte ich es mir zur Regel gemacht, eher nach den Vorlieben eines Bootsmannes zu fischen als nach meinen eigenen. Er bekommt Vertrauen und ist dann in wichtigen Dingen zu Konzessionen bereit.

Fonfach verstand sofort, dass ich, wo immer es möglich war, Watfischen wollte, doch boten die ersten Strecken des Río Cautin dafür wenige Möglichkeiten. Er manövrierte das Boot geschickt durch den Fluss, während ich an geeigneten Plätzen auswarf. Wir fingen ein oder zwei kleine Regenbogenforellen, die etwa ein Pfund schwer waren, dann drillte ich einen guten Fisch am oberen Ende eines tiefen Wasserlaufes. „El flojo", meinte Fonfach. „Die Faule. Eine Bachforelle."

Der Fluss strömt schnell und leicht über Kieselgrund durch flaches Land. Er ist kleiner als der Río Laja, teilt sich nicht wie dieser in viele Flussarme, und die Vegetation an den Ufern ist üppiger und grüner. Doch ähneln sich die beiden Flüsse, und ich konnte mir durchaus vorstellen, dass der Cautin seinen Ruf als hervorragender Forellenfluss verdiente. Ich merkte, dass Fonfach keinen großartigen Tag erwartete. Es war eine Überraschung für ihn, als ich die zweite große Bachforelle herauszog, dass die Fliege verloren ging, wunderte ihn dagegen nicht. Sogleich erklärte er mir warum: November und Dezember waren die guten Monate am Fluss, Januar und Februar hingegen zu warm. Die großen Fische stan-

OBEN: *Beim Boca-Fischen (Fischen in der Flussmündung) am Lago Llanquihue im Schatten des Vulkans Osorno fängt man sehr große Fische, wenn man vom „Boca-Fieber" verschont bleibt und ruhige Nerven bewahrt.*

den in der Tiefe und waren nicht geneigt anzubeißen, sie würden sich erst im März und April wieder bewegen. Ich prüfte die Flusstemperatur, sie lag bei 20 °C.

Der Fluss öffnete sich in seichteres Wasser und Fonfach brachte mich an einige günstige Stellen, die ich glücklich im hellen Sonnenschein befischte. Hier gab es eine Menge silberheller, fünfunddreißig Zentimeter langer Regenbogenforellen, aber keine von nennenswerter Größe. Von Zeit zu Zeit kamen wir an Jacko und seinem Bootsmann vorbei, und es zeigte sich, dass es Jacko, der eine leichte Spinnrute mit einem Sortiment von Wobblern und Spinnern verwendete, nicht besser erging als uns. Dann erreichten wir den Ort, an dem mein erstes wirkliches Fischessen in Chile stattfinden sollte.

Ich hatte von diesen großartigen Mahlzeiten gehört, war jedoch weder auf das Zeremoniell noch die Effizienz der Angelegenheit vorbereitet. Wir hielten vor einem weiten, flachen Ausläufer des Flusses, der dicht mit Bambus bewachsen war und einen schönen Baumbestand hatte. Innerhalb kürzester Zeit hatten die beiden Bootsmänner aus Bambus und Hartholz ein großes Feuer entfacht. Vier Weinflaschen wurden im Fluss gekühlt. Jackos Bootsmann säuberte und filetierte einige der Forellen. Fonfach bereitete einen Bambusstock vor, auf dem er mehrere Kilogramm Hammelfleisch aufspießte, die, sobald das Feuer kleiner war, gegrillt

UNTEN: *Zonker.*

65

LINKS: *Der Blick auf die schneebedeckten Berge von der Isla Monita aus, einer Lodge am Lago Yelcho, die in einer spektakulären Landschaft liegt.*

werden sollten. Jacko und ich hatten nichts weiter zu tun, als im Schatten zu liegen und uns auszuruhen, was, wie Jacko mir versicherte, auch von uns erwartet wurde.

„Die Bootsmänner werden sich danach ausruhen", meinte er. „Und zwar lange genug. Jetzt ist es Mittag. Sie werden frühestens um 15.00 Uhr wieder fischen."

„Ganz schön lange", stellte ich fest. „Was machen sie während dieser Zeit?"

„Alles aufessen, den Wein austrinken, dann schlafen. Sie sagen, von zwölf bis drei sei eine ungünstige Zeit, in der kein Fisch beißt. Es ist mir ein Rätsel, woher sie das wissen wollen, da in ganz Chile um diese Zeit noch nie jemand gefischt hat."

Vor uns standen Teller mit Forellenfilets, die in brauner Butter schwammen, und ein ausgezeichneter Salat. Die Weinflaschen waren geöffnet. Fonfach röstete das Fleisch über dem Feuer, Kartoffeln lagen in der Asche, Kaffeewasser kochte. Ich akzeptierte die ungünstige Zeit, empfand sogar Dankbarkeit dafür.

Später, nach dem Essen, als wir den Wein beinahe geleert hatten, muss ich wohl ein wenig geschlafen haben. Um 13.30 Uhr wachte ich auf und lauschte dem Gezwitscher der Sittiche in den Bäumen. Ich konnte sie nur undeutlich sehen, bis der Schwarm plötzlich davonstob. Die schlanken Körper mit den schmalen Flügeln, die wie Pfeile gerade und schnell durch die Luft schossen, glänzten leuchtend grün im Sonnenlicht. Ich setzte mich auf und sah, dass die beiden Bootsmänner mit übergeworfenen Ponchos auf dem Rücken lagen und schliefen. Ich nahm meine Rute und schlich zum Fluss.

UNTEN: *Ein Angler, der am Río Paloma mit Wooly Buggers nach Regenbogenforellen fischt.*

CHILE

UNTEN: *Bambuswälder, Affenbrotbäume, Gletscher und Wasserfälle faszinieren die Angler bei einer Bootsfahrt am Yelcho.*

Die Stelle war einfach zu waten, und ich fand einen guten Wasserlauf an der Schattenseite einer Insel, fünfundvierzig Meter von den Booten entfernt. Meine blassgrüne Fliege wurde beim ersten Wurf entschlossen genommen, der Fisch floh weit, bis auch das Backing abrollte. Dann sprang er hoch, und ich sah zu meiner Überraschung eine silberne Regenbogenforelle, nicht viel größer als jene, die ich am Morgen gefangen hatte. Ich zog sie mit dem Netz heraus und fing binnen kürzester Zeit zwei weitere, beide ausgezeichnete Kämpfer, die wie die erste vierzig Zentimeter lang waren und etwa 1,75 Pfund wogen.

In den Büschen am Rande unseres Lagerplatzes hatte ich einige blassgrüne Raupen bemerkt. Der rasche Erfolg meiner Fliege mit dem grünem Körper weckte meine Neugier, weshalb ich auf die Idee kam, die Fische auszunehmen. Die Raupen waren in ihnen, mit ein paar anderen Insekten und cinem blassgrünen, schildförmigen Käfer. Nun verstand ich die Vorliebe des Fisches für meine Fliege.

Diese drei Fische erwiesen sich als die besten des Tages, obwohl Jacko und ich gemeinsam an die dreißig Stück erbeuteten, die alle mehr als ein Pfund wogen. Am Nachmittag fuhren wir durch vielversprechendes Gewässer, wir lenkten die Boote über einen Bewässerungsdamm ein paar Kilometer oberhalb von Temuco. Von dort bis zu den Vororten der Stadt sahen wir ein Dutzend Stellen, die nach großen Forellen aussahen. Ich hoffte auf die „gute" Stunde zwischen Sonnenuntergang und Einbruch der Dunkelheit, doch erreichten wir zu früh das Ende des Wasserlaufes, wo Einheimische im warmen Fluss schwammen, und uns der Fischerverein, von dem Fonfach unsere Boote ausgeliehen hatte, jubelnd empfing.

Es war eher ein enttäuschender Tag, da der Río Cautin den Ruf hat, große Fische zu beheimaten. Fonfach versicherte mir, dass dieser Ruf verdient sei. Im November und im Dezember kann man an den meisten Tagen ein Durchschnittsgewicht von zweieinviertel Pfund erwarten, wobei einige Fische zwischen vier und sechs Pfund schwer sind. Ich zweifle nicht an seinen Worten, eine Stichprobe unseres Fanges ergab, dass alle Fische zwei bis drei Jahre alt waren, keiner hatte gelaicht, und die meisten waren nicht geschlechtsreif. Ein vier Jahre alter Fisch würde sicher über zwei Pfund wiegen und sehr viel größer sein.

Am nächsten Tag fischten wir am Río Quepe, etwa zwanzig Meilen südlich des Cautin. Der Quepe ist kleiner als der Cautin, das Wasser ist bräunlich und windet sich zwischen schluchtartigen Lehmufern, die bis zu sechzig Meter hoch sind.

In aller Frühe fuhren wir fröhlich mit unseren Booten im Lastwagen los und ruckelten fünf bis sechs Kilometer über schlechte Straßen, als wir entdeckten, dass wir das Mittagessen vergessen hatten. Der Lastwagen musste umkehren, Jacko und ich beschlossen, zu Fuß weiter zu gehen, bis er uns wieder einholte. Wir befanden uns in

OBEN: *Bunny Leech.*

einer hügeligen, eher trockenen Gegend, in der verstreut ein paar Indianerhütten mit Strohdächern standen. Die meisten Hütten hatten Gärten, in denen hauptsächlich Kartoffeln angepflanzt wurden. Wir begegneten vielen Indianerinnen, die auf die Stadt zugingen: junge und alte Frauen in hübschen, geblümten Kleidern und dunkelblauen Ponchos. Sie trugen schweren Silberschmuck auf den Brüsten, der mit Kreuzen, Münzen oder auch Perlen geschmückt war. Die vielfältigen Entwürfe zeugten von beachtlicher Handwerkskunst. Ich meinte, dass sie eine Bedeutung haben mussten, doch unser fröhlicher Lastwagenfahrer bestand darauf, dass es einfach nur Schmuck sei. Ich fragte Jacko, warum wir nur Frauen begegneten. „Nur die Frauen arbeiten", sagte er. „ Sie gehen zum Markt, um die Dinge zu verkaufen, die wir auf den Karren gesehen haben."

Unser Lastwagen holte uns ein, und weiter ging die Fahrt. Der Fahrer bedauerte, dass er nicht mit uns fischen kommen konnte. Als wir die Boote startklar machten, gab er mir mit Fonfachs Billigung zwei große dunkle Streamer-Fliegen, die er selbst auf 2er-Haken gebunden hatte, wobei jeweils ein kleinerer Haken dahinter hing. Dies war, wie er mir versicherte, die beste „Medizin" für den Fluss, und da Fonfach einverstanden zu sein schien, begann ich mit der Kleineren, die aus schwarzen und gestreiften Hechelfedern gearbeitet war.

Der Río Quepe schien uns sofort in sich aufzunehmen, wir verloren uns zwischen den hohen Uferböschungen wie in einem Wald. Die Uferbänke waren mit blühenden Fuchsien bewachsen, und zwischen Bambusgehölz sah man gelbe Blumen, die an

OBEN: *Der Río Simpson ist einer der besten Flüsse für das Trockenfliegenfischen in Chile. Bei hoch stehender Sonne kann man die Fische im klaren Wasser sehen. Abends orientiert man sich an den Steigzeichen.*

Stiefmütterchen erinnerten. Akazien und Trauerweiden wuchsen, wo immer die Wurzeln Halt fanden. Die riesigen Blätter der Gunnera, die oft eineinhalb Meter im Durchmesser aufweisen, ragten wie exotische Mahnmale empor. Der Fluss stemmte sich gegen die Ufer, bog um rechte Winkel und brach weiß gegen Baumstämme, die eine Herausforderung für Fonfachs bootsmännisches Geschick waren. Er war bei weitem nicht der schnellste oder wildeste Fluss, den ich in Chile gesehen habe, aber der engste und in vielerlei Hinsicht der schwierigste, auf dem ich das Geschick und den Mut der chilenischen Bootsmänner zu schätzen lernte.

Es war ein wolkiger Tag, kühler als alle andren Tage, die ich in Chile erlebt habe. Die Flusstemperatur lag bei nur 15 °C, und ich begann auf einen guten Tag zu hoffen. Zu Recht. Bis zum Mittagessen hatte ich mit dem schwarzen Streamer des Lastwagenfahrers fünf Fische von mehr als zweieinhalb Pfund gefangen, der größte war eine fast vier Pfund schwere Regenbogenforelle. Zu Mittag ging ein kurzer, heftiger Regenguss nieder, und als wir wieder zu fischen begannen, bemerkte ich, dass die Fische vor dem Streamer zurückschreckten. Ich wechselte also wieder auf meine grüne Fliege, die einzige kleinere, die ich dabei hatte.

Die meisten Pools in diesem Bereich des Río Quepe haben starke Strömungen, sind tief und dunkel, eher eng und kurz. Am oberen Ende eines solchen Pools fing ich mit der grünen Fliege eine hübsche viereinhalb Pfund schwere Bachforelle. Kurz darauf bat ich Fonfach anzuhalten, um einen Pool befischen zu können, an dem ein etwa sechzig Meter breiter Wasserfall vor einer Uferbank voll blühender Fuchsien herabrauschte. Ein weiterer Vierpfünder stand unmittelbar vor dem Wasserfall, als er die Fliege nahm, entstand ein bronzefarbener Wirbel. Keiner dieser Fische verdiente Fonfachs verächtlichen Spitznamen „El Flojo": Später fing ich in einem breiten Pool eine drei Pfund schwere Bachforelle, die aufrecht auf der Schwanzflosse quer durch die Strömung tanzte, in jeder Hinsicht wie ein Marlin. Ich sah Fonfach fragend an: „El Flojo?" Lachend schüttelte er den Kopf. „Nicht immer."

Der Lastwagen holte uns in der Dämmerung an einer Brücke weit unten am Fluss ab. Ich hatte etwa zwanzig Fische freigelassen, Fonfach hatte kleinere Exemplare behalten, als mir lieb war; als wir anlegten, lagen siebzehn Fische im Boot, von denen elf zwischen zweieinhalb und viereinhalb Pfund wogen. Jacko hatte mit dem Löffelblinker eine ähnliche Ausbeute an Plattfischen gefangen, allerdings war sein bester Fisch zu meiner Überraschung ein Dreipfünder. Wie ich aus den Reaktionen der Bootsmänner schließen konnte, war dies ein gutes Resultat für den Fluss und die Jahreszeit. Die Waage bestätigte dies, da die große

Bachforelle fünf Jahre alt war und bereits gelaicht hatte, die beste Regenbogenforelle, ein dreidreiviertel Pfund schwerer Fisch, hatte mit drei Jahren gelaicht.

Besonders reizvoll an den chilenischen Tagen ist der krasse Gegensatz zwischen der Wildnis des Flusses und dem Luxus des Hotels. Um 22.30 Uhr hatten wir uns umgezogen, nach einem Drink an der Bar begaben wir uns zum Abendessen in den eleganten Speisesaal des Frontera. Das Essen war ebenso gut wie der Wein, und der Service ausgezeichnet. Am Ende des Saales spielte ein kleines Orchester südamerikanische Musik. Gut gekleidete Männer und hübsche Frauen saßen an den Tischen; verwaschene Jeans und Hawaiihemden und legere Umgangsformen waren hier verpönt. Um 7.00 Uhr morgens wäre all dies für einen sensiblen Fischer eine Zumutung gewesen. Doch am späten Abend nach der letzten Stunde des Fischens ist es Zeit, sich zu entspannen, gut zu essen und sich kultiviert zu fühlen.

UNTEN: *Der Futaleufú fließt in den Lago Yelcho. Die schöne Türkis-Farbe entsteht durch das Gletscherschmelzwasser.*

CHILE: INFO

WISSENSWERTES

Chile, eines der abwechslungsreichsten Länder der Welt, erstreckt sich über 3200 Kilometer von Norden nach Süden. Es besitzt eine der trockensten Wüsten der Welt, den wunderschönen Lake District, die ältesten Weingärten der westlichen Hemisphäre und das Gebiet um Patagonien. In Südchile entstehen durch riesige Berge, Gletscher und Fjorde unzählige Seen und Flüsse, die verschiedene Forellen- und Lachsarten beherbergen.

Das auf der südlichen Halbkugel gelegene Chile eignet sich ideal, um dem Winter der nördlichen Hemisphäre zu entkommen. Gastfreundschaft hat hier hohen Stellenwert. In früheren Zeiten erhielten die Reisenden von den Besitzern einer *estancia* in Patagonien freie Kost und Logis, eine Praxis, die Tradition geworden ist.

Beste Fliegenfischbedingungen findet man in Patagonien, einem Gebiet, das viele Ähnlichkeiten mit dem Westen der USA und der nordamerikanischen Pazifikküste aufweist. Zahllose, zum Teil riesige Seen und Flüsse sind gefüllt mit Bach- und Regenbogenforellen und einigen Bachsaiblingen.

Die Aquakultur ist eine rasch wachsende Industrie, viele Fischarten werden kommerziell gezüchtet. Leider entstanden durch Winterstürme Überflutungen, bei denen viele dieser exotischen Arten entkamen und in den Flüssen laichten, wodurch neue Aufstiege nicht-einheimischer Fische entstanden. Es wird sich zeigen, ob diese sich zu regulären Laichwanderungen entwickeln.

Chile hat seit 50–70 Jahren eine starke Fliegenfischtradition. Roderick Haig-Brown beschrieb in seinem Klassiker *Fisherman's Winter* seine Fischerlebnisse in den 50er Jahren. Das Buch ist eine ausgezeichnete Lektüre zur Reisevorbereitung.

REISEZEIT

Die Saison dauert von November bis April, wenngleich viele Flüsse in den ersten Wochen Hochwasser haben. Die übrige Zeit ist das Fischen konstanter.

LINKS: *Typische Bachforelle aus dem Río Simpson. Man beachte die pupurrote Färbung der Kiemen.*

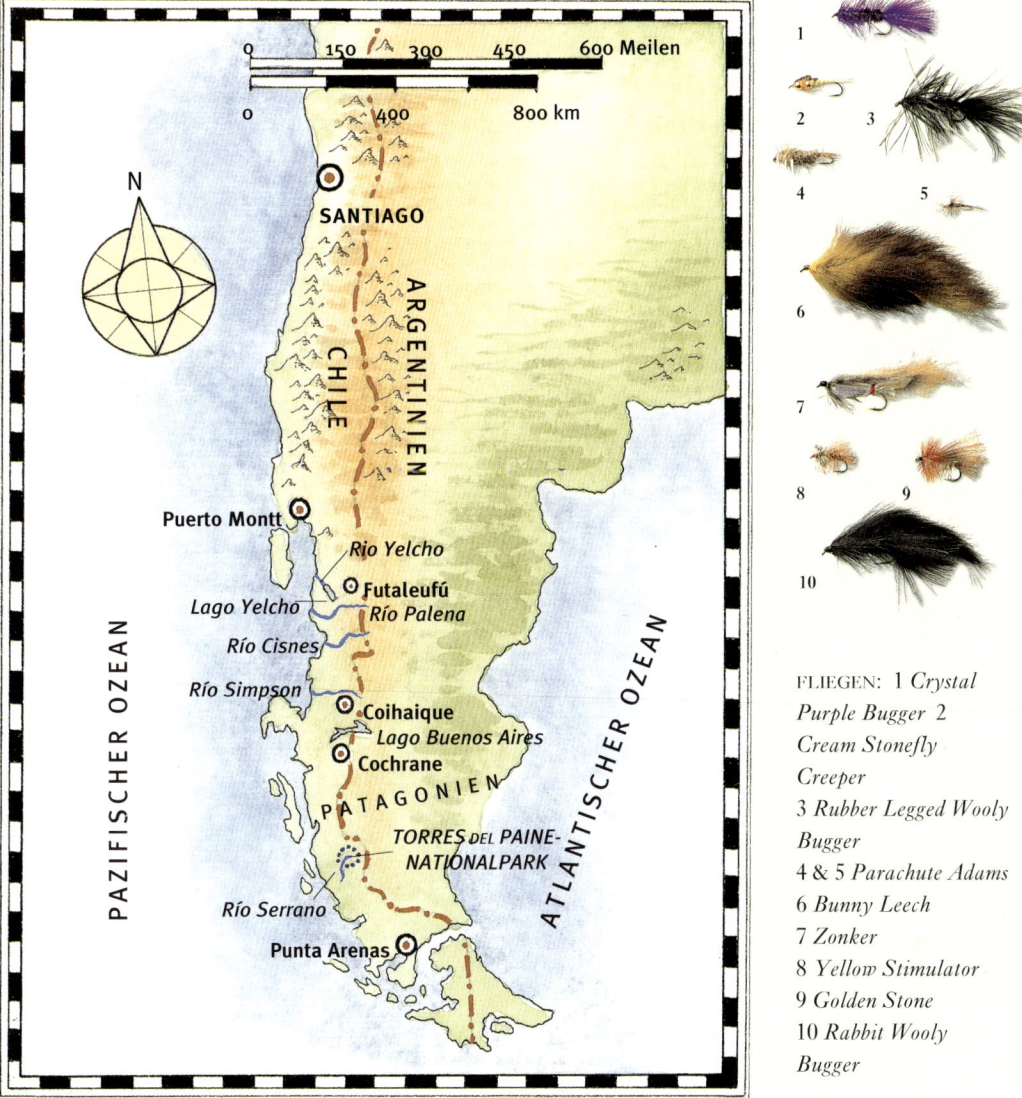

FLIEGEN: 1 *Crystal Purple Bugger* 2 *Cream Stonefly Creeper* 3 *Rubber Legged Wooly Bugger* 4 & 5 *Parachute Adams* 6 *Bunny Leech* 7 *Zonker* 8 *Yellow Stimulator* 9 *Golden Stone* 10 *Rabbit Wooly Bugger*

DAS ANGELGERÄT

RUTEN: Einhändige, 2,7 Meter lange Ruten für Schnüre der Klasse 5–6 und 7–8.

ROLLEN: Direct-drive-Rollen, gutes Bremssystem.

SCHNÜRE: Eine große Auswahl ist empfehlenswert: WF-Schwimmschnüre, Sinktip- und Sinkschnüre verschiedener Stärken. Die Teeny-Serie und die Rio Windcutters sind eine beliebte Wahl.

VORFÄCHER: Schwimmschnüre: Vorfächer mit einer Vorfachspitze von 2,2–3,6 Kilogramm Tragkraft. Sinkschnüre: 1,8–2,7 Meter mit 3,6–6,8 Kilogramm Tragkraft.

FLIEGEN: Trockenfliegen: Adams, Wulff, Humpy, Elchhaar-Caddis, Irresistibles, Hoppers und Beetles. Nassfliegen: Olivefarbene oder schwarze Wooly Bugger, auch Hare's Ears und Pheasant-Tail-Nymphen. An Seen mit Libellenvorkommen: Dragonfly oder Damselfly.

Der Dreadnaught-Pool

Neuseeland

ZANE GREY

„Die Sonne stand bereits tief, als ich wieder ins Wasser watete. Ein ätherisches Licht legte sich über den Pool. Die Spiegelung des riesigen Felsens erinnerte stärker an ein Kampfschiff als der Felsen selbst. Deutlich erhob sich der Bergzug in Purpur- und Schwarztönen, die Wolken färbten sich tiefgold. Der Fluss dröhnte in tiefer Stimmlage. Eine kalte Brise wehte stromab. Ich warf über das ganze Wasser aus, das ich zuvor befischt hatte, ohne einen Fisch zum Steigen zu verlocken. Weiter draußen sah ich Forellen steigen, dunkle Schwanzflossen im goldenen Schimmer des Wassers."

„Dieser Pool wird Dreadnaught – Schlachtschiff – genannt", erklärte der Maori-Guide Hoka und zeigte auf eine riesige, steile Klippe, die an ein abgewracktes Kriegsschiff erinnerte. Einsam hielt es die Stellung. Die umgebenden Uferbänke waren flach und grün. Nach einem raschen Seitenblick konzentrierte ich mich wieder auf den Weg zwischen den Felsblöcken, während Hoka fortfuhr: „Hier hat mein Volk früher gekämpft. Auf der Spitze dieser Klippe befand sich ein *pa*, ein befestigtes Dorf. Ich werde dir alte, offene Gräber zeigen. Die Schädel rollen in den Fluss. Ja, die Maori, mein Volk, waren großartige Krieger. Sie kämpften noch wie Männer, Mann gegen Mann, Schlag auf Schlag."

Das untere und größere Ende des Pools faszinierte mich immer mehr. Das Wasser unterhalb der fernen Uferbank wirkte tief und dunkel. Am näher gelegenen Rand der Strömung ragten bernsteinfarbene Felsen aus dem Wasser. Die Strömung wurde, wo sie sich weitete, seichter, da und dort schimmerte ein goldener Felsblock tief unter der Wasseroberfläche. Was für ein wunderbarer Pool!

Ich ahnte, welche Belohnungen ein solcher Pool für den geschickten Angler zur Zeit der Wanderung der Regenbogenforellen bereit hielt. Dieser Pool war ideal für Fische, die sich nach dem langen Aufstieg über Stromschnellen ausruhen wollten! Möglicherweise legte gerade eine Forelle eine Rast ein. Ich nahm meine Rute und ging zum Fluss hinunter.

Eine Sandbank lief etwa dreißig Meter weit hinaus und fiel schräg zum tiefen, grünen Wasser ab. Hier bahnte sich eine wirbelnde Strömung den Weg zur Mitte des Pools, von wo sie auf das blitzende Gefälle am Ende der engen Stromschnellen zusteuerte. Weiter drüben war eine zweite und stärkere Strömung sichtbar. Ich watete so weit wie möglich hinaus und dachte, dass es durchaus möglich sein müsste, bis an den Rand dieses Wasserbettes auszuwerfen. Ich wollte es langsam angehen und erst einen Versuch an der nahen Strömung unternehmen. Dies war eine Stelle nach meinem Geschmack. Ich watete knietief und warf bis zur Mitte der Strömung aus. Meine große Fliege sank nieder und trieb weiter. Ich ließ sie nicht aus den Augen, während ich sie kurz ruckartig bewegte. Sie verschwand aus meinem Blickfeld und trieb an eine Stelle, wo sie durch das Licht auf dem Wasser unmöglich zu sehen war. Ich hatte kaum vierzig Meter Schnur gegeben. Sie straffte sich, nach einem Rückschwung warf ich erneut aus, während ich ein, zwei Schritte auf der Sandbank machte.

Die Schnur vollführte einen Bogen und straffte sich. Automatisch gab ich etwa einen Meter nach, holte dann etwa doppelt soviel Schnur ein, die ich in Schlaufen

OBEN: *Neuseeland mit seinen hohen Gipfeln, den dichten Wäldern und den ständig wechselnden Lichtverhältnissen in den Tälern, ist für Fischer und Fotografen gleichermaßen inspirierend.*

in meiner linken Hand hielt. Dann warf ich erneut aus, indem ich die ganze lose Schnur schießen ließ. Sie zeichnete einen weiten Bogen, entrollte sich and legte gerade ab, wobei die Fliege sanft aufsetzte. War das nicht ein gelungener Wurf? „Nicht schlecht", lobte ich mich und blickte verstohlen stromaufwärts, um zu sehen, ob der Kapitän es bemerkt hatte. Anscheinend wusste er gar nicht, dass ich im Fluss war. Dann wandte ich meine Aufmerksamkeit wieder der Fliege zu.

Sie versank gerade am Rande des hellen Fleckens auf dem Wasser. Ich verlor sie aus den Augen, wusste aber, wo sie ungefähr trieb. Plötzlich entstand genau an der Stelle des im Sonnenlicht gleißenden Pools, auf die ich blickte, ein tiefer, zorniger Wirbel. Gleichzeitig war ein schnelles, kräftiges Ziehen zu spüren, das mir die Schnur aus der linken Hand riss und meine Rute niederbog.

„Rrrrr!", knarrte meine Rolle.

Das Wasser schäumte weiß auf, eine riesige Forelle sprang zuckend hoch. Sie schoss wie ein schwarzer Bogen mit geweitetem Maul aus dem Wasser. Ich sah, wie die gespreizte Schwanzflosse zitterte. Sie platschte zurück, das Wasser spritzte auf.

Ich schien mehrere Dinge gleichzeitig zu tun. Ich hob die Rute gegen die Spannung an, ging zum Ufer zurück, während ich verzweifelt Schnur aufrollte, da die Forelle stromaufwärts flüchtete. Ich schrie nach Morton und Kapitän Mitchell.

„Doc, das ist ein Mordskerl!", brüllte der Kapitän.

„Die größte Forelle, die ich je gesehen habe!", gab ich aufgeregt über die Schulter zurück.

Kaum aus dem Wasser, lief ich über den Strand zu Kapitän Mitchell, der mir entgegenkam. Ich konnte es meinem Fisch heimzahlen und fast die ganze Schnur zurückgewinnen. Welch ein Gewicht! Die hundertsiebzig Gramm schwere Rute

OBEN: *Angler, die am Ufer des Wakatipu-Sees in der Nähe von Queenstown auf der Südinsel nach Bachforellen fischen.*

ließ sich kaum aufrecht halten. Die Spitze beugte sich weit vor und schwankte wie eine Kinderwippe.

„Gib Acht, wenn er wendet!", rief Mitchell.

Als der Fisch die schnelle Strömung erreichte, sprang er unmittelbar vor mir hoch. Überdeutlich konnte ich die größte Regenbogenforelle, die je an meiner Schnur hing, sehen: ein schwarz gepunkteter Milchner mit dunklem, bronzefarbenen Rücken und rosaroten Flanken, mit großen Flossen und einem Laichhaken, der von wildem Selbsterhaltungstrieb durchdrungen war. Ich hörte das schwere Klatschen, als sich die Forelle schüttelte. Dann stürzte sie ins Wasser zurück.

„Jetzt!", schrie Kapitän Mitchell, unmittelbar hinter mir.

Alles klar. Ich war bereit. Die Forelle wendete und zischte ab wie ein Pfeil!

„Ssst! Ssst! Ssst!", sie zog hundert Meter Schnur nach.

„Morton! Morton! … die Kamera!", schrie ich heiser, jede Faser meines Körpers war in höchster Anspannung. Wie würde nach solch einer Flucht der nächste Sprung ausfallen! Ich zitterte wie Espenlaub. Sie war so groß wie mein schwarzer Marlin. Meine straffe Schnur glitt, wie bei so vielen Fischen davor, an die Oberfläche. „Sie kommt hoch!" Ich rief Morton zu Hilfe.

Herrlich kam sie aus dem Wasser, sprang pfeilgerade über zwei Meter in die Luft, ein Sprung, der einem Lachs alle Ehre gemacht hätte. Was für ein Anblick! Wenn Morton sie nur fotografieren könnte, es würde mir nichts ausmachen, sie zu verlieren. Sie klatschte ins Wasser zurück. „Ssssst!", surrte meine Schnur.

Ich hörte Morton über die Felsblöcke laufen, wandte mich um und sah ihn zur Kamera eilen. Zu spät natürlich. Welch unwiederbringliche Möglichkeit war vertan! Immer entgehen mir die besten Aufnahmen! Ich reagierte meine Ungeduld und Enttäuschung an dem armen Morton ab, dem es nicht besser zu ergehen schien als mir. Ein harter Ruck an meiner Rute lenkte mein Augenmerk wieder auf den Pool, wo ich gerade noch sehen konnte, wie die Regenbogenforelle nach einem weiteren großen Sprung untertauchte. Dabei floh sie in einem Bogen nach links zur Mitte des weiten Strudels hin. Mit großen Schritten eilte ich zum Strand hinunter und in das Wasser, während ich so rasch wie möglich aufkurbelte. Wie schwierig war es, die Spitze hoch zu halten und doch Schnur zu gewinnen! Mein linker Arm schmerzte, der rechte zitterte. Nun begannen auch noch meine Beine zu zittern. Mir wurde abwechselnd heiß und kalt. Ich war so gespannt wie meine Schnur. Mit trockenem Mund und beklemmter Brust versuchte ich, schwer atmend, keine Fehler zu begehen. Wer hat gesagt, dass eine

NEUSEELAND

Forelle einen Angler nicht so aufwühlt wie ein Wal? Einer ihrer Sprünge ließ mir das Herz bis zum Hals schlagen. Sie sprang auf das Gefälle der Stromschnellen zu. Wenn sie da hinunterwollte! Doch sie hielt, den Kopf stromaufwärts gewandt, ein und flüchtete in ihrem nächsten Vorstoß in Richtung Ufer auf mich zu. Ich kurbelte wie eine Ankerwinde.

Sie war zu schnell. Sie gewann lose Schnur und sprang zu meiner Entgeisterung gegen die Schnur auf mich zu. Mein Verstand rotierte, die Anspannung war aufs Höchste gestiegen. Plötzlich straffte sich die Schnur mit einem Ruck. Der Haken hatte gehalten. Die Forelle war nun ziemlich nahe, sie hatte den Kopf stromaufwärts gewandt, war gut positioniert und bereits am Ermüden. Ich watete zum Strand hinaus. Und obwohl sie zerrte und zurrte, bekam sie keine fünfzig Meter Schnur mehr. Früher oder später – die Zeit schien endlos und kurz zugleich – gelang es mir, sie zur Sandbank zu führen, wo ich im kristallklaren Wasser jede Regung ihres rosaroten Leibes sah. Ich ergötzte mich an ihrer Schönheit. Wieder und wieder riss sie ihr Maul auf, schnappte und keuchte.

Ich schleifte sie der Länge nach über den Sand, in diesem Augenblick verblasste sogar mein Triumph über die Oregon-Steelhead. Diese großartige Oregon-Regenbogenforelle, die es an die Schneegewässer des Tongariro verschlagen hatte, war ihrer Oregon-Kusine, der silbrig und rosa schillernden Steelhead, die Zugang zum Meer hatte, in jeder Hinsicht überlegen. Noch nie hatte ich einen so prächtigen Wildfisch gesehen. Kein Maler hätte mit dem Pinsel die bronzefarben schimmernden Tupfen, die tiefe Röte vom Maul bis zur Schwanzflosse, die bernsteinsteinfarbene und perlweiße Tönung einfangen können. Notgedrungen hätte er sich damit begnügen müssen, die anmutigen Linien des Leibes, den Wolfskopf, die Konturen der Flossen wiederzugeben.

Sie wog elfeinhalb Pfund. Ich band sie an einen Faden, wie ich es als Junge mit den kleinen Fischen zu tun pflegte, und sah ihr zu, wie sie in dem klaren Wasser umherschwamm und sich erholte.

Der Dreadnaught-Pool hatte sich wie durch magische Kräfte der Natur verwandelt. Hier hatte ich das wunderbarste Erlebnis meiner Fischerlaufbahn. Hier! Der schöne Pool glänzte und schwoll in meinen Augen zu neuer Größe an. Die Sonne zog westwärts. Sie hatte an Hitze und Grellheit verloren. Ein Schatten lag unterhalb des Steilufers. Nur am unteren Ende warf die Sonne ein Licht auf das

RECHTS: *Ein kleiner Quellfluss bahnt sich seinen Weg bis zur Straße nach Milford Sound, wo er in den Eglinton River mündet. Dieses Tal der Südinsel ist vermutlich eines der schönsten der Welt.*

Wasser, das sich ebenfalls verwandelt hatte. Die Sicht war nunmehr klar. Ich watete knietief ins Wasser und begann mit kurzen Auswürfen, die allmählich an Länge gewannen. Ich agierte zufrieden und mit traumwandlerischer Sicherheit. Meine Nerven waren geschärft wie eine Rasierklinge. Flink, wach und angespannt, jederzeit für einen plötzlichen Einsatz bereit, beobachtete ich, wie sich die Schnur spannte, das Vorfach sich streckte, und die große, dunkle Fliege aufsetzte. Der ganze Vorgang war von Empfindungen der angenehmsten Art begleitet.

Ich wusste, dass eine weitere Regenbogenforelle auf mich wartete. Deshalb hatte der Pool nichts von seinem Reiz verloren. Beim fünften Wurf, als die Schnur stromabwärts treibend an ihre Grenzen stieß, fühlte ich einen vibrierenden Anbiss. Die Forelle hakte sich wie die erste selbst an; bei der Flucht zeigte sie sich bei einem schönen Sprung, sie war kaum halb so groß wie meine erste. Sie flüchtete zur Sandbank, wo ich sie rasch landetete – ein weißrosa, rundlicher Fisch in bester Verfassung.

OBEN: *Wenn man an diesem Fluss der Südinsel eine Bachforelle, die vor einer Granitwand nach Nahrung sucht, überlisten will, muss man sich sehr verstohlen annähern.*

OBEN GEGENÜBER: *Fisch dran! Gut gemacht, Burschen. Eine Coch-Y-Bonddu mit 14er Haken erwies sich am Motueka River erneut als fängig.*

„Eine eben aufgestiegene Forelle", meine Hoka. „Sie sind gerade vom See hoch gewandert."

„Lieber Himmel, dann ist die Laichwanderung angebrochen", meinte Kapitän Mitchell zufrieden. Der zweite Fisch wog fünfdreiviertel Pfund. Der kompakte, farbenprächtige Leib besaß gewiss die Stärke einer Acht-Pfund-Steelhead.

„Kapitän, machen Sie doch ein paar Würfe mit meiner Rute, während ich mich etwas ausruhe und auf das Feuer aufpasse", schlug ich vor. „Dieses Wasser ist kälter als Eis."

„Kommt nicht in Frage", erwiderte der Kapitän freundlich. „Ich habe das Gefühl, dass heute Ihr Tag ist. Kommen Sie, jeder Augenblick ist kostbar."

So stand ich bald wieder auf der Sandbank, werfend watete ich hinaus bis ich nicht mehr weiter konnte, weil das Wasser über meine Hüften reichte. Ich hielt die

Luft an, als ich in die Tiefe sah. Wie täuschend dieses Wasser war! Ein Schritt mehr und es wäre über mir zusammen geschlagen. Wenn der Grund nicht sandig gewesen wäre, hätte ich mich nicht so weit hinaus gewagt, da mich der Rand der Strömung bereits erfasste und aus dem Gleichgewicht zu bringen versuchte. Doch war ich darauf gefasst gewesen.

Noch beschien die untergehende Sonne den Pool. Ich befischte die Strecke, an der ich die zwei Forellen herausgezogen hatte. Kein Steigen. Dann versuchte ich einen Wurf über die sanftere Strömung und den engen, dunklen Durchlauf dahinter, bis hin zum Saum der starken Strömung, die von der Klippe wegrauschte. Es war ein Wurf über fünfundzwanzig Meter Distanz mit einer schweren Fliege. Das bernsteinfarbene Wasser, die blassgrünen, schattigen Tiefen, die changierenden Lichter unter der Oberfläche schienen mir zuzurufen, mich zu beruhigen, erschienen wie magische Zeichen.

Mühelos warf ich aus, die Fliege setzte genau an der gewünschten Stelle auf. Die Strömung riss sie gierig mit sich, als ich sie aus den Augen verlor, bewegte ich die Rute leicht. In einiger Entfernung machte eine Regenbogenforelle einen großen und unaufhaltsamen Sprung. Der Anhieb war vehementer als der erste dieses Tages und brachte mich fast aus dem Gleichgewicht. Hart zog ich an der Schnur, die ich mit der linken Hand umklammerte. Es folgte eine Flucht, wie ich sie höchstens einem Lachs oder einem Marlin zugetraut hätte. Er nahm bis auf einen Zentimeter meine ganze Schnur. Ich führte ihn zu dem seichten Wasserweg, der von einem Kanal gekreuzt wurde. Er leistete Widerstand. Zu meinem Glück wandte er sich nach links und umrundete das untere Ende des Pools. Hier gewann ich wieder Schnur. Als nächstes schoss er auf das obere Ende der Stromschnellen zu. Ich konnte nichts tun, als halten und beten.

Achtzehn Meter oberhalb des glitzernden Gefälles sprang der Fisch in einem so großartigen Satz empor, dass mir der Ausruf der Begeisterung in der Kehle stecken blieb. Wie ein Reh sprang er in langen Sätzen über das Wasser. Er funkelte in den letzten Strahlen der untergehenden Sonne und zeigte seinen schweren, runden, starken Leib, der perlweiß und rosa schimmerte. Sein kleiner Kopf hatte Ähnlichkeit mit einem Lachs. Ich hatte eine große weibliche Regenbogenforelle angehakt, die gerade vom Taupo hochgewandert kam. Die Rogner der Regenbogenforellen sind die härtesten und verbissensten Kämpfer.

Da ich das rasch fließende Wasser am oberen Ende der Stromschnellen fürchtete, drehte ich mich um und taumelte zum Strand zurück, während ich die Rute möglichst hoch hielt. Ich konnte zwar keine Schnur gewinnen, hatte aber auch

UNTEN: *Dieser Angler steht auf einem großen Felsen, ein paar Schritte mehr, und er stünde bis zu den Schultern im Wasser. Die Gewässer Neuseelands sind unglaublich klar und trügerisch.*

keine verloren. Ich rannte bis zum Ende des Sandstrandes, wo er an die Felsblöcke grenzte. Ein paar Schritte weiter toste der Fluss.

Dann stand ich mit klopfendem Herzen und unbeschreibbaren Gefühlen vor dem Pool. An die hundertzehn Meter Schnur waren im Wasser. Die Forelle befand sich unmittelbar über den Stromschnellen, tauchte tief unter, bevor sie wieder hochkam und auf die Oberfläche klatschte. Zentimeter für Zentimer verlor ich Schnur. Ihr Kopf war stromaufwärts gewandt, doch die Strömung trieb sie auf das Gefälle zu. Verzweiflung überkam mich. Wenn sie einmal über dem Wasserfall war,

OBEN: *MacDougall.*

OBEN: *Die Flüsse Neuseelands sind so farbenprächtig wie die Palette eines Malers. Dieser Fluss befindet sich im Hinterland der Südinsel.*

würde sie entkommen. Die altbekannte Situation – den Fisch verlieren oder halten. Zentimeter für Zentimeter zerrte er Schnur von meiner Rolle. Mit soviel abgegebener Schnur, die gestreckt wie eine Banjo-Seite deutlich sichtbar am Wasser lag, schien ich deutlich im Nachteil zu sein. Ich ergriff die Schnur mit der linken Hand. Meine leichte Rute beugte und bog sich, dann streckte sie sich wieder wie ein Zeiger. Ich spürte ihre zitternde Vibration und hörte das leise Singen der gespannten Schnur.

Ich hielt die hartnäckige Regenbogenforelle. Mein Angelgerät mochte brechen, aber nicht mein Kampfgeist. Wie schwierig war es, nicht nachzulassen, die furchtbare Spannung nicht zu lockern!

Die ersten paar Sekunden waren fast unerträglich und schienen eine Ewigkeit zu dauern. Wann würden Schnur und Vorfach nachgeben oder der Haken reißen? Doch alles hielt Stand. Es gelang mir, die prächtige Forelle zu halten. Langsam ließ die quälende Anspannung nach. Ich gewann neues Vertrauen. Wenn der Fisch nicht auf den Wasserfall zuschoss, war der Sieg auf meiner Seite. Die Chancen standen gut. Ihr Kopf war, gehalten von der steifen Schnur, stromaufwärts gewandt. Die gewaltige Spannung war verräterisch. Die Regenbogenforelle kam wirbelnd hoch und schlug und drosch auf die Oberfläche. Einen Augenblick lang meldeten sich die alten Ängste zurück, spitzten sich noch zu, doch gerade, als ich verzweifeln wollte, ließ die Spannung von Rute und Schnur nach. Die Forelle wirbelte in die Tiefe und floh stromaufwärts. Ich kommentierte diese Bewegung mit einem Ausruf, der von meinen Kameraden zurückgeben wurde, die fröhlich und aufgeregt hinter mir standen.

Ich ging den Strand hinab, kurbelte rasch, während ich die Schnur gestrafft ließ. Auf diese Weise rückte ich etwa neunzig Meter vor. Als ich die umhüllte Seide zwischen meinen Fingern auf die Rolle gleiten spürte, schrie ich erneut auf. Wieder ging ich, die Forelle behutsam ziehend, den Strand hinauf. Endlich hatte ich sie in dem trägen Seichtwasser der weiten Sandbank.

Hier begann eine erbitterte Phase des Kampfes, im glasklaren Wasser war jede Bewegung des Fisches deutlich zu sehen. Welch ein verbissener, sturer, fast unschlagbarer Fisch für mein leichtes Gerät! Doch war die Ausrüstung ideal für diesen Kampf. Der Fisch hatte eine faire Chance, und mir wurde mein ganzes Geschick abverlangt! Auch meine Ausdauer wurde auf die Probe gestellt, da ich allmählich zu ermüden begann. Im linken Arm hatte ich einen Krampf, und die Hand an der Rolle fühlte sich taub an.

Der Fisch versuchte kurze Vorstöße in das tiefere Wasser, doch gelang es mir, jede seiner Fluchten zu stoppen. Er änderte seine

Taktik, sprang in wirbelnden Durchbrüchen an die Oberfläche und wühlte das Wasser wild um sich schlagend auf. Der Kampf stellte alle Duelle, die ich je mit kleinen Fischen ausgetragen hatte, in den Schatten. Selbst jenen mit der zehn Pfund schweren Steelhead, die ich einmal am Deer Creek in Washington angehakt hatte! Diese Regenbogenforelle war so stark und unbesiegbar, dass ich eine geschlagene Viertelstunde im seichteren Teil der Sandbank mit ihr kämpfte. Jedes Mal, wenn die silberne Flanke aufblitzte, blieb mir beinahe das Herz stehen. Der Fisch war sicherlich schwerer als der elfeinhalb Pfund schwere Milchner. Ich hatte das längst an der Schnur und der Rute gefühlt. Und nun sah ich ihn, was mir erheblichen Auftrieb gab.

„Bearbeiten Sie das Biest, wo das Wasser seichter ist", riet Kapitän Mitchell.

Das hatte ich eigentlich beabsichtigt, da der sich drehende, schraubende Fisch den Haken jeden Augenblick abreißen konnte. Ich hielt ihn härter, zog fester. Viele Male führte ich die Forelle nahe an den Strand, und jedes Mal sah ich, wie der silbern und rosa schimmernde Leib in das tiefere Wasser zurücktauchte.

Die kleine Rute hielt sich wacker, sie wurde stärker, beugte sich weniger, der Zug wurde schwächer.

Nach einer endlosen Zeitspanne im knietiefen Wasser endete der Kampf abrupt mit einer Biegung der Rute, durch die der Fisch auf den nassen Sand gezogen wurde. Kapitän Mitchell, der hinter meinem Opfer hergewatet war, beugte sich nieder und ließ sie weit auf den Strand gleiten.

„Was für eine schöne, rundliche Forelle", rief Morton aus. „Sehen Sie sie an! Stark, dick und fett. Sie wiegt an die vierzehn Pfund."

„Oh nein", stieß ich hervor, während ich meine tauben und schmerzenden Arme und Hände rieb.

„Bei Gott, eine herrliche Forelle!", fügte der Kapitän begeistert hinzu. „Sie sieht aus wie ein Lachs!"

Noch nie hatte ich einen Fisch mit so schönen Farben, so großartigen Konturen gesehen. Er hatte eine perlmutterweiße Färbung mit einem Anflug erlesenen Pinks. Die Tupfen waren kaum erkennbar, und in der anmutig schwellenden Rundung schien sich die Natur selbst übertreffen zu wollen. Wie der kleine lachsähnliche Kopf mit dem riesigen, wildäugigen Kopf des Männchens kontrastierte, das ich zuerst gefangen hatte! Es war eigenartig, die breitere Schwanzflosse des Weibchens zu sehen, die dickere Masse des muskulösen Leibes, die größeren Flossen. Die Natur hatte diese Vertreter ihrer Art zumindest für die Laichzeit mit größerer Stärke, Geschwindigkeit, Ausdauer, Geist und Lebendigkeit ausgestattet.

„Elfdreiviertel Pfund", summte der Kapitän vor sich hin. „Ich habe sie um ein paar Pfunde verfehlt... Hinein, guter Mann, holen Sie sich noch eine heraus!"

OBEN: *Meine größte Bachforelle bis heute ... etwas weniger als neun Pfund schwer. Ich erspähte sie während des Mittagessens auf einer Schotterbank.*

LINKS: *Czech Shrimp.*

LINKS: *Zwei Freunde jubeln über einen prächtigen Fisch, der ins Netz ging.*

NEUSEELAND: INFO

WISSENSWERTES

Zane Grey nannte Neuseeland ein „Anglerparadies". Er bevorzugte das Big-Game-Fischen in der Mercury Bay und der Bay of Islands, wurde jedoch durch seine Erfahrungen mit Steelheads in den USA veranlasst, es am Tongariro und am Taupo-See zu versuchen. Die Geschichten, die er darüber schrieb, haben seither die Fantasie der Fischer beflügelt.

Während Taupo und Tongario Synonyme für riesige vom See aufsteigende Regenbogenforellen sind, ist die Südinsel berühmt für ihre Bachforellen. Die abgelegenen Flüsse der Südwestküste sind ideal geeignet zum Pirschen – für viele der Inbegriff des Fischens in Neuseeland. Mit ein paar Trockenfliegen und Nymphen und einer Polarisationsbrille wandern die Fischer mit einem einheimischen Guide flussaufwärts, dessen geübte Augen die perfekt getarnten Fische erspähen. In diesen klaren Gewässern ist eine sorgfältige Präsentation der Fliege so wichtig wie die Auswahl; von der Schnur oder deren Schatten verschreckte Fische sind eine vergebene Chance. Um dies zu vermeiden, müssen die Vorfächer lang sein.

Ein guter Tag kann aus fünfzehn gesichteten und fünf gelandeten Fischen bestehen, die durchschnittlich zwischen vier und acht Pfund wiegen, wobei eine gute Chance besteht, die Zahl zu verdoppeln.

REISEZEIT

Auf der südlichen Halbkugel beginnt die Saison im Oktober und endet im April. Viele Neuseeländer fahren nach Weihnachten in die Sommerferien, und der Januar ist vermutlich die beliebteste Zeit an den Flüssen. In der Gegend des Taupo-Sees auf der Nordinsel sind die Wintermonate (April bis August) wenn die Regenbogenforellen den See verlassen, um in den Zuflüssen zu laichen, die ideale Zeit für das Fischen.

DAS ANGELGERÄT

RUTEN: Einhändig, 2,7–3,4 Meter lange Ruten für Schnüre der Klasse 4, 5 und 7.

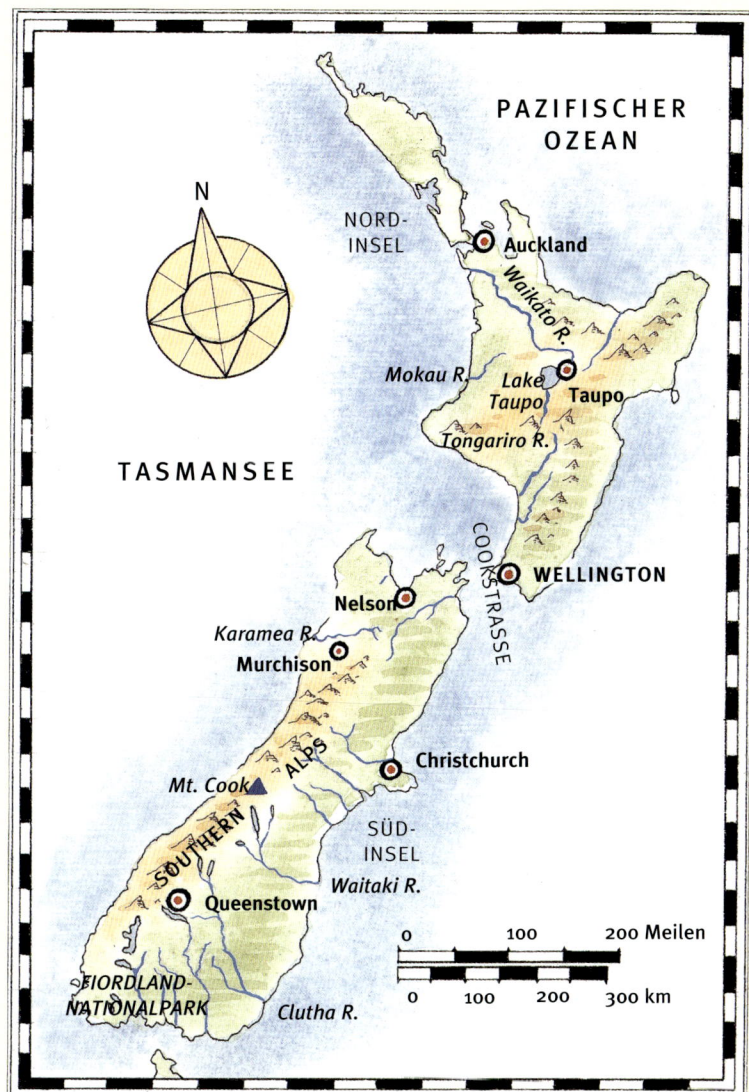

ROLLEN: Direct-drive-Rollen mit gutem Bremssystem, die 90 Meter Backing fassen.

SCHNÜRE: Vorwiegend Schwimmschnüre, auch Sinktipschnüre sind nützlich.

VORFÄCHER: Häufiger Wechsel der Vorfächer erfordert viele Spulen zwischen 1,5 und 3 Kilogramm Tragkraft.

FLIEGEN: Trockenfliegen: Royal Wulff, Humpy, Adams, Irresistible und Caddis. Nymphen: Pheasant Tail und Hare's Ear.

FLIEGEN 1 *Elk Hair Caddis* 2 *Rat-faced McDougall* 3 *Steinfliegennymphe* 4 *Yellow Stimulator* 5 *Adams Irresistible* 6 *Gold Head Hare's Ear Nymph* 7 *Gold Head Pheasant Tail Nymph* 8 *Sawyer's Pheasant Tail Nymph* 9 *Hi-Float Beetle* 10 *Czech Shrimp*

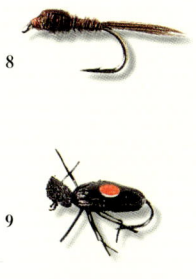

Lachs

Lachse haben keine Geschichte

Alaska

Clive Gammon

„Obwohl dies bereits mein siebenter Morgen am Karluk war, zitterte die Fliegenrute in meiner Hand, während ich über die Kieselsteine hochkletterte, um diese Armee zu beobachten, die in die Mündung des Karluk zog – eine täglich neue Flut von Silberlachsen, die bei Gezeitenwechsel aus dem Pazifik strömten, Tausende von silberhellen Fischen, die hüpften wie Zirkusclowns."

OBEN: *Sculpin.*

OBEN LINKS: *Obwohl Braunbären in Alaska ein vertrauter Anblick sind, flößen sie einem aus der Nähe gebührlichen Respekt ein.*

Irgendwann im 19. Jahrhundert, als Oregon noch Streitobjekt zwischen Großbritannien und den USA war, kam eine königliche Abordnung aus London, um das Gebiet zu inspizieren. Sie verfasste einen äußerst negativen Bericht, da der Adelige, der der Kommission vorstand, enttäuscht war, dass die Lachse des Columbia River nicht so nach der Fliege stiegen wie jene am Tweed. Dies hat die Geschichte Nordamerikas nachhaltig beeinflusst. Ganz abgesehen davon war es eine Verleumdung dieser edlen Fische.

Der Himmel über der Shelikofstraße schillerte stahlgrau wie eine frisch geöffnete Auster, worin rosarote und blaue Lichter funkelten, die im Schnee des Valley of Ten Thousand Smokes und des Mount Katmai Feuer gefangen hatten. Dieser Vulkan liegt 45 Meilen im Landesinneren entfernt auf dem Festland von Alaska.

OBEN: *Der erste Flug am Morgen von der Enchanted Lake-Lodge im Katmai-Nationalpark, südlich des Iliamna-Sees auf der Halbinsel Alaska.*

Auch die See glich einer Austernschale, blau mit rosa Glanzlichtern lag sie ruhig, fast reglos da, bis sie sich träge an den gigantischen Klippen von Tanglefoot brach, dort Seetang aufwühlte, sich an Mary's Creek vorbei kämpfte und schließlich von dem Wasser, das aus dem Karluk River wirbelte, gezügelt wurde. Es war Ebbe, das Wasser war so träge wie die Seehunde, die auf den Wellen ritten, reglos wie die drei weißköpfigen Adler, die sich auf einer steinigen Landzunge im Fluss niedergelassen hatten.

Der Karluk selbst, der sich an der Westküste der Insel Kodiak im Golf von Alaska befindet, wirkte eher unergiebig; leeres, transparentes Wasser glitt rasch über graue Steine, bis er sich in einer aufgewühlten Wasser-

fläche von einem halben Quadratkilometer mit der Shelikofstraße vereinte. Von einer Anhöhe aus suchte ich das Wasser nach Anzeichen ab, ob der Ozean erneut vorzudringen versuchte. Die Seehunde waren verschwunden, die Adler hatten sich in die Lüfte erhoben, noch bevor meine Sinne die Veränderung erfasst hatten. Diese kündigte sich durch das Aufschäumen des ruhigen Wassers und der silbernen Reflektion darin an, als ob die Sonne auf den Schildern der Vorhut einer alten Armee aufblitzen würde.

Obwohl dies bereits mein siebenter Morgen am Karluk war, zitterte die Fliegenrute in meiner Hand, während ich über die Kieselsteine hochkletterte, um diese Armee zu beobachten, die in die Mündung des Karluk zog – eine täglich neue Flut von Silberlachsen, die bei Gezeitenwechsel aus dem Pazifik strömten, Tausende von silberhellen Fischen, die hüpften wie Zirkusclowns.

Ich rutschte über die Steine und watete schwerfällig in den Fluss hinaus, um die grellgrün und purpur gefärbte, auffällig mit Flitter besetzte Strcamer-Fliege in ihre Mitte auszuwerfen. Meine rechte Hand war mit etlichen Heftpflastern bedeckt, die die Schnitte, die ich mir in einer Woche voller Lachskämpfe zugezogen hatte, verdeckten. In den letzten Tagen hatte sich meine Fliegenrute über mehr als hundert Coho-Lachsen gebeugt. Ich zitterte noch immer. Der Karluk bietet geradezu himmlisches Lachsfischen.

Der große Fliegenfischer G.E.M. Skues, der Vater des modernen Nymphen-Fischens, schrieb einen Roman über den verstorbenen Mr. Castwell, einen etwas wichtigtuerischen Trockenfliege-Puristen, der nach Vorstellung des Autors im Himmel landete, wo er ein kleines Landhaus am Flussufer, das feinste Angelgerät und einen aufmerksamen Flusswart bekam. Die perfekten Bedingungen für das Forellenfischen, wie es schien, bis Mr. Castwell sich unbehaglich zu fühlen begann, nachdem er einen wunderbaren Fisch nach dem anderen an derselben Stelle aus dem Wasser gezogen hatte. Skues Erzählung schließt mit folgendem kurzen Dialog:

„Wie lange wird dieses verflixte Steigen noch anhalten?", fragte Mr. Castwell. „Es wird doch bald aufhören?"

„Nein, Sir", antwortete der Wärter.

„Was, gibt es nicht einmal am Nachmittag eine flaue Stunde?"

„Es gibt keinen Nachmittag, Sir."

„Wie? Und was ist mit dem Abendsteigen?"

„Es gibt kein Abendsteigen, Sir", antwortete der Wärter.

„Gut, ich werde jetzt aufhören. Ich habe bereits sechzig Fische von dieser Stelle."

GEGENÜBER: *Susan Rockrise landet einen der 79 Fische, die sie während ihres einwöchigen Aufenthalts in Alaska gefangen hat.*

"Sir, seiner Heiligkeit würde dies nicht gefallen."

"Wie? Darf ich auch in der Nacht nicht aufhören?", entrüstete sich Mr. Castwell.

"Es gibt keine Nacht hier, Sir", antwortete der Wärter.

"Sie meinen, ich muss für alle Ewigkeit diese verdammten Zweipfünder fischen?"

Der Wärter nickte.

"Die reinste Hölle", lautete Mr. Castwells Kommentar.

Mr. Castwells Hölle war die Beschränkung auf eine einzige Stelle. Es gab keine unendliche Vielzahl von Fliegen, Techniken und Standplätzen wie am Karluk. Dennoch weisen spektakuläre Fischberichte in den letzten zwei Jahren auf einen „Haken" hin, der am besten mit dem Schokoladenfabrik-Syndrom erklärt werden könnte. Es heißt, dass Schokoladenfabriken keine Probleme mit Diebstählen haben, weil die Angestellten essen dürfen soviel sie wollen. Nach einigen Tagen ist den meisten der Appetit auf Süßes vergangen. Lässt sich Lachs mit Schokolade vergleichen? War es möglich, dass man des Fischens überdrüssig wurde?

Auf meiner Reise nach Alaska im Hochsommer erschien mir dies unvorstellbar. Ich hätte meine Watstiefel darauf verwettet, dass es im Camp jemanden geben würde, der mich mit den vertrauten Worten „Letzte Woche hätten Sie hier sein sollen!" begrüßen würde. Und tatsächlich bekam ich schon während meiner Zwischenstation in Anchorage einen Vorgeschmack darauf.

Es war im Northwest Outfitter's, dem größten Angelzubehörladen der Stadt, in dem unzählige Lachsfliegen ausgestellt waren. Der Verkäufer präsentierte lebhaft Polar Shrimps, Skykomish Sunrises, Bosses und Skunks. „Am besten Sie nehmen eine Fliege pro Stunde, die Sie fischen", sagte er, indem er ein Dutzend Purple Fishairs einpackte. „Vielleicht noch eine Fliegenbox ..."

„Haben Sie etwas über die Wanderung der Silberlachse gehört?", unterbrach ich ihn.

„Sie brauchen noch etwas in Grün und Orange", warf er ein. Ich erinnerte ihn an die Silberlachse. „Kein Wort", erwiderte er kurz angebunden.

Dies war ein Hinweis, dass die Fische noch weit von der Küste entfernt waren. Die gleiche Botschaft bekam ich vor dem Abflug nach Kodiak in der Wartehalle, wo die Menschen Rutenkoffer herumschleppten wie an anderen Flughäfen Kleiderkoffer. „Etwas früh für die Silberlachse", meinte einer der Rutenträger.

LINKS: *Brian O'Keefe hielt es erst für einen Scherz, als ich ihm zurief, dass ein Bär am Ufer hinter ihm war.*

Meine Sorgen waren unbegründet. Am nächsten Morgen, fünfundvierzig Minuten, nachdem das leichte Flugzeug Kodiak verlassen hatte, sah ich auf den in der Tiefe sich windenden Karluk hinab und auf die Fische, die überall die Oberfläche durchbrachen. Willkommen in der Schokoladenfabrik, sagte ich zu mir.

Es war eine Fabrik, in der man sich nicht zu ungehörig früher Stunde zur Arbeit melden musste. Die Lagunenfische seien sozusagen halbsesshaft, meinte Robin Sikes, der die Gruppe begrüßte, zu der ich nun gehörte. Es ist besser, gemütlich zu frühstücken und auf die bei Flut frisch vom Meer aufsteigenden Fische zu warten und den milden Sommermorgen mit Temperaturen um die 15 °C zu genießen.

Es blieb also Zeit, um die anderen Angler meiner Gruppe kennenzulernen: Die Doktoren Hamada, Habu, Hatasaka, Inouye und Mr. Okazaki, die bis auf einen alles Zahnärzte aus Nordkalifornien waren. Dazu Dr. Cosca, Dr. Wagner und

Dr. Angel mit seinem Sohn Jacob, ebenfalls Zahnärzte, Mr. Channing, ein Physiotherapeut, Mr. Sopwith, ein Reisfarmer aus Sacramento, sowie Mr. Lidner und Mr. Miley, beide im Ruhestand.

Später würde ich sie Ted, Stan, Leo etc. nennen. Wie sie jetzt ihre Geräte auf dem Grashügel vor der Hütte zusammenbauten, waren sie einfach in zwei Gruppen einzuteilen – die Fliegenfischer und die Männer mit, nun ja, der Hardware, der Spinningausrüstung, den schweren Blinkern.

UNTEN: *Bus Bergman, wie er am Kanektok einen großen Saibling für seine Frau Lydia ins Netz holt.*

Wir schlenderten gemeinsam zum Fluss, als hätten wir Dienstbeginn. Überall sah man Lachse springen, noch bevor ich meinen ersten Auswurf getan hatte, konnte ich beobachten, wie sich die Rute eines Spinnfischers über einem Fisch beugte. Ich ließ mir Zeit, machte ein, zwei kurze Würfe, um ein Gefühl für die neue Graphitrute zu bekommen, dann warf ich in klassischem Winkel quer stromab. Die

Skykomish Sunrise muss an einer ganzen Schule springender Fische vorbeigeflogen sein.

Eine Stunde später zogen die Silberlachse immer noch an meiner Fliege vorbei, wie sie es auch bei der Purple Fishair taten, die ich als nächstes versuchte, und später an der Polar Shrimp. Ein ganzer Zug von Lachsen war zu sehen, doch sie ignorierten meine Fliege, und, soweit ich es beurteilen konnte, auch die der anderen Fliegenfischer. Ärgerlicherweise hatten die Spinnruten viel zu tun. Der elf

UNTEN: *Morgenebel begrüßt die ersten Angler, die am Kagati-See kampieren.*

OBEN: *Hutch, ein Guide aus der Bristol Bay-Lodge, mit seiner mit einer Mausfliege geschmückten Kappe. Mausfliegen haben sich bei Regenbogenforellen als sehr fängig erwiesen.*

Jahre alte Jacob versuchte eben an der Kiesbank Halt zu finden, als ein dickleibiger Silberlachs, der an die fünfzehn Pfund wog, versuchte, zu den Vulkanen an der gegenüberliegenden Seite der Meerenge zu flüchten.

Als deutlich wurde, dass die Lachswanderung für diesen Morgen beendet war, ging ich mit Jacob zur Hütte zurück.

„Der war vielleicht groß", meinte Jacob. „Ich konnte ihn nicht zurück kurbeln. Ich dachte schon, er gewinnt."

„Ach, ja?", lautete meine müde Antwort.

„Ich war ziemlich erleichtert, als ich ihn am Strand hatte."

„Oh, du hast ihn also doch gelandet?", fragte ich.

„Ich wollte ihn zwar behalten", antwortete Jacob. „Sehr sogar. Aber es gibt ein Eskimomärchen, das besagt, wenn man den ersten gefangenen Fisch küsst und freisetzt, erzählt dieser seinen Kumpeln davon, und man fängt dann viele Fische."

„Und hast du den Fisch geküsst?", fragte ich Jacob.

„Ja", lautete seine Antwort.

Ich sagte ihm, dass ich das toll fände, während ich auf den fetten Blinker spähte, der nun an der Hakenöse seiner Spinnrute befestigt war. Ich versuchte zu lächeln, brachte aber nur eine dieser gequälten Humphrey Bogart-Grimassen zustande.

Sikes hatte gesagt, dass die Chancen gut stünden, am Nachmittag in der großen Lagune höher oben am Karluk Lachse zu fangen, doch die Aussicht auf Blindwürfe in diese tiefen Löcher war nicht sehr attraktiv für jemanden, der an die weiß schäumenden Strudel der nordatlantischen Flüsse gewohnt war. Deshalb wanderte ich weiter stromaufwärts, wo der Karluk wieder zu einem Fluss wurde.

OBEN: *Sculpin.*

Und was für ein Fluss er wurde, das Gegenteil des Gezeitenwassers, durch welches die glitzernden Bataillone der Coho-Lachse am Morgen vom Meer hereingezogen waren. Er glich einem Schlachtfeld. Tote und sterbende Lachse, leprös weiße Fische mit giftigen gelben und roten Flecken, hingen und trieben in dem trägen Wasser in der Nähe des Ufers. Sockeye- und Buckel-Lachse, die gelaicht hatten und nun verendeten. Diese geschlagene Lachsarmee war umlagert von Flussguerillas, Dolly Varden-Rotforellen mit rosaroten Tupfen an den Flanken, deren räuberische Gier keine Ähnlichkeit mit Dickens feiner Heldin des Romans *Barnaby Rudge* hatten, nach deren rosa getupftem Kleid die Spezies benannt wurde. Gierig würgten sie die reifen Lachseier hinunter, die von den steinigen Laichplätzen tröpfelten. Sie verschlangen auch jede kleine helle Fliege, die ich ihnen präsentierte, Zwei- und Dreipfünder bissen bei jedem Wurf. Ich hatte bereits an die dreißig Fische wieder freigesetzt und musste zugeben, dass dies keine Schokoladenfabrik war. Es war eine Erdnussfarm.

OBEN: *Ein fröhliches Gruppenbild. Man beachte die Farbunterschiede zwischen dem Silberlachs zur Rechten und dem Rotlachs zur Linken. Letzterer war länger im Fluss und steht kurz vor dem Laichen.*

OBEN: *Frisch gegrillter Silberlachs mit Knoblauchbutter und Zitrone ist schwer zu übertreffen.*

An diesem Abend waren keine Zahnärzte zu sehen, da ein Seminar abgehalten wurde. Im Klubraum befand sich ein etwa fünfundsechzig Jahre alter Mann mit feinen Gesichtszügen, Bob Miley aus Red Bluff, Kalifornien, pensionierter Techniker einer Telefongesellschaft, der erzählte, dass er zwei Jahre lang auf diese Reise gespart hatte. Jetzt saß er über einen Schraubstock gebeugt unter einer Leselampe und band Fliegen, obwohl er an die zweihundert Stück mitgebracht hatte.

Es war Balsam für meine Selbstachtung, dass auch für Miley, der seit fünfzig Jahren Fliegenfischer war, der Karluk keine Schokoladenfabrik war, zumindest am ersten Tag. „Was machen wir falsch?", fragte ich ihn.

Miley antwortete nach kurzem Überlegen: „Ich glaube nicht, dass es am Fliegenmuster liegt", meinte er. „Ich binde sie nur, weil ich gerne Fliegen binde." Er überlegte weiter. „Wir werfen auf die Fische, die springen und auf die Oberfläche klatschen. Die beißen nicht. Die Fische stehen tiefer. Die Männer haben sie doch mit schweren Blinkern gefangen, nicht wahr? Wir müssen unsere Fliegen auf Grund gehen lassen. Wahrscheinlich liegt's daran."

Wir hatten konventionell stromabwärts gefischt und dabei außer Acht gelassen, dass die Coho-Lachse und die Königslachse des Pazifiks eine andere Art von Fischen waren. In diesem Augenblick überkam mich Sehnsucht nach den Fischen eines anderen Weltmeeres, die die Römer bewundernd *salar* – Springer – genannt hatten. „Das Dumme ist", sagte ich plötzlich, kindisch und unlogisch, „dass diese verdammten Silberlachse keine Geschichte haben."

Robin Sikes überhörte meine Worte und forderte mich auf, ihm zu folgen. An diesem Augustabend war wenig Licht. Wir entfernten uns von der Hütte und gingen zu einer steilen, erdigen Uferbank. Er nahm ein Messer heraus und grub in der Erde. Bald hatte er einen kleinen, flachen, ovalen Stein freigelegt, der auf jeder Seite eine breite Rille hatte. Er gab ihn mir.

RECHTS: *Der Blick vom Anlegeplatz der Bristol Bay-Lodge an einem ruhigen Morgen zeigt die großartige Landschaft Alaskas.*

„Zum Fischen", meinte Sikes. „Ein Senkgewicht – vielleicht sechstausend Jahre alt." Er zeigte auf die Uferbank. „Siehst du die Schichten?", fragte er mich. „Das ist der Abfallhaufen einer Küche. Im Sommer waren fünf Anthropologen aus Bryn Mawr hier. Sie fanden Schiefermesser, Äxte und Senkgewichte. Sie vermuteten, dass frühe Völker, die Koniag, sich hier nach der ersten Eiszeit niederließen, die großen Fische aufsteigen sahen und blieben." Sikes nahm einen Faden aus seiner Tasche und schlang ihn um den Stein. Ein Senkgewicht, offensichtlich. „Keine Geschichte?", fragte er. „Mann, dies ist seit Hunderten von Jahren eines der besten Fanggebiete der ganzen Welt."

Seit Tausenden Jahren, genau genommen. Sikes steigerte sich in seinen Vortrag hinein. Die Ureinwohner hatten das Gebiet über sechstausend Jahre zum Großteil für sich allein, bis die Russen im 18. Jahrhundert kamen, und das Reich von Peter dem Großen an die äußerste östliche Grenze trieben. Es war Alexander Baranvo, der sich auf der Suche nach Seeotterfellen als erster auf die Insel Kodiak und zum Karluk wagte. Er fand die größte Lachswanderung der Welt, die von Mai bis September dauerte. „Es müssen an die zwanzig Millionen Fische gewesen sein, die in den Fluss aufstiegen", meinte Sikes. „Und es gab noch keine Gesetze."

Die Russen, die viele Ureinwohner niedermetzelten, salzten die Lachse ein und verschifften sie in Fässern Richtung Westen. Später schlossen sich ihnen amerikanische Freibeuter an, doch dann ereigneten sich zwei Dinge, die den Großteil der fruchtbarsten Lachsressourcen der Welt zerstörten. 1790 wurde die Dosenkonservierung erfunden, 1867 kaufte die USA Alaska. Als dieser Kauf bekannt wurde, kämpften die Männer mit Brecheisen dagegen an.

ALASKA: INFO

WISSENSWERTES

Von allen in diesem Buch beschriebenen Reisegebieten bietet Alaska dem Fliegenfischer die vielfältigste Auswahl. Neben fünf Arten von pazifischem Lachs gibt es hier riesige Regenbogenforellen, Arktische Äschen, Dolly Varden-Forellen, Amerikanische Seesaiblinge, Seeforellen und Hechte. Alaska ist durch seine Unzugänglichkeit ein Paradies für diese Fische, nirgendwo sonst findet der Flugangler eine so ursprüngliche Wildnis. Zwar haben alle Fischarten Alaskas ihre Anhänger, doch sind die verschiedenen Pazifischen Lachsarten am begehrtesten.

Die Königs- oder Chinook-Lachse sind die größten und vielleicht auch die herausforderndsten pazifischen Lachse. An den meisten Flüssen wiegen sie etwas mehr als 20 Pfund, ein Fisch über 30 Pfund wird nicht eigens erwähnt, selbst 40–50 Pfund sind nichts Ungewöhnliches. Es wurden auch schon doppelt so große Königslachse gefangen, wenngleich schon viel bescheidenere Fische Ihr Gerät auf die Probe stellen werden, insbesondere wenn sie gerade zum Laichen aufgestiegen sind. Rotlachse (Sockeye), die bisweilen die Fliege verschmähen, sind die härtesten Kämpfer unter den pazifischen Lachsen, während der Silberlachs mit seiner Neigung zu dramatischen Sprungkämpfen dem Atlantischen Lachs am ähnlichsten ist. Buckel- und Keta-Lachse sind die am wenigsten begehrten pazifischen Lachse: Sie sind am kleinsten und ermüden schneller als ihre größeren Verwandten. Das funkelnde Silber ihrer Flanken verblasst rasch und weicht, sobald der Fisch ins Süßwasser kommt, dem Laichkleid.

REISEZEIT

Der Frühling in Alaska ist an den meisten Fluss-Systemen die Zeit der Schneeschmelze und der Überschwemmungen. Sobald sich die Fluten beruhigen und die Wassertemperaturen steigen, wandern die ersten Königslachse in den Fluss; meist kommen sie in der zweiten Juniwoche, die Wan-

LINKS: *Ein Sortiment von Ruten und Rollen, die auf ihren Einsatz warten.*

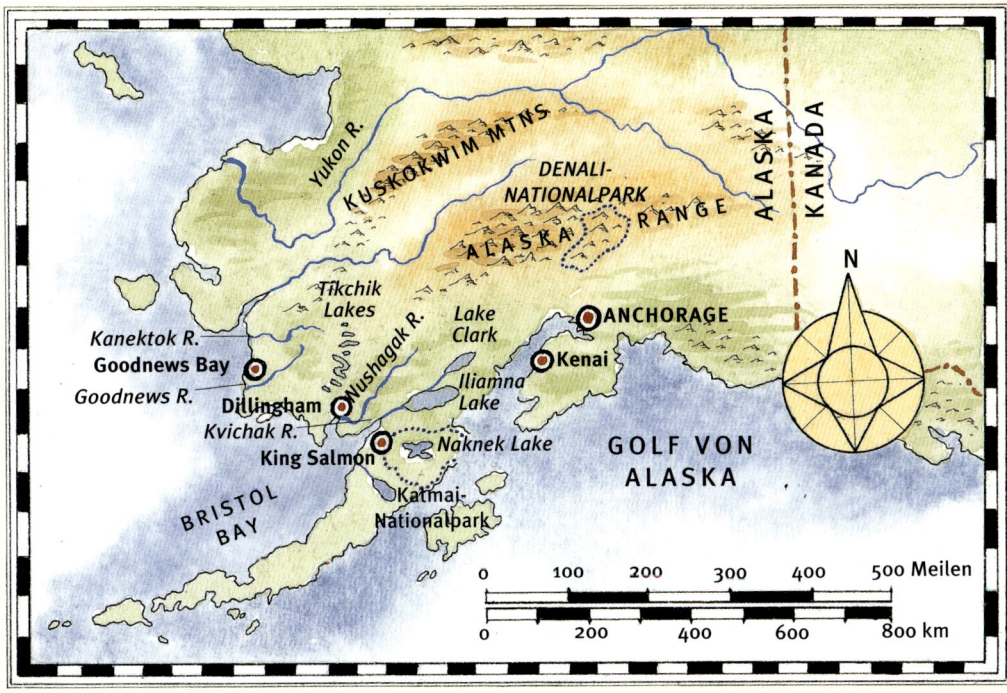

derung dauert bis Ende Juli an. Anfang Juli wandern die ersten Sockeye-Lachse stromaufwärts und legen ihr auffallendes rotgrünes Laichkleid an. In der zweiten Augustwoche steigen die Silberlachse in die Stromgebiete auf, ihre Wanderung dauert bis September.

FLIEGEN: 1 *Orange Krystaliser* 2 *Black Matuka* 3 *Babine Special* 4 *Orange Super Comet* 5 *Black Krystaliser* 6 *Green Boss* 7 *Sculpin* 8 *Olive Sculpin* 9 *Eggsucking Leech* 10 *Olive Matuka*

ANGELGERÄT

RUTEN: Für Königslachse einhändige, 2,7 Meter lange Ruten für Schnüre der Klasse 9–10. Für Sockeye-Lachse und Silberlachse einhändige, 2,7 Meter lange Ruten für Schnurklasse 6–8.

ROLLEN: Große Direct-drive-Rollen, die 140 Meter Backing fassen.

SCHNÜRE: Schnell sinkende Schnüre für Königslachse bei schwierigen Wasserverhältnissen. Sinktip-Schnüre und Schwimmschnüre für Sockeye-Lachse und Silberlachse.

VORFÄCHER: 4,5–6,8 Kilogramm Tragkraft für Königslachse; 3,6–4,5 Kilogramm für Sockeye-Lachse und Silberlachse.

FLIEGEN: Matukas, Wooly Buggers, Zonkers, Gray Ghosts, Mickey Finns und orangeweiße oder rotweiße Bucktails.

Himbeeren im Regen

Norwegen

ERNEST SCHWIEBERT

„Der Lærdal bricht bei Gammleboll durch die Wiesen und braust an den riesigen Granitpfeilern vorbei, die die Straße nach Fagernes stützen. Die Strömungen peitschen gegen die bemoosten Mauern und tanzen in den Tiefen des Wallholen. Die Lachse halten sich in den ersten sechzig Metern der Strömung auf. Sie stehen unter saphirblauen, schäumenden Stromwirbeln, dort, wo der Fluss seidig glatt hervorquillt, bevor er dem Ende zu über feinem Kieselboden seichter wird. In den ruhigen Randzonen würden in den kommenden Wochen Meerforellen zu finden sein, aber wir waren auf größere Fische aus."

„Mein Herr, dies ist ein Krieg, den man gewinnt oder auch verliert."

Izaak Walton, 1653

Während der Nacht hatte es leicht geregnet.

Als ich kurz nach Tagesanbruch durch die Gärten des Hotels Lindstrom zum Frühstück ging, waren die Berge von einer dichten Wolkendecke verhüllt und die Straße nass.

Der Frühstücksraum war noch leer, die gedeckten Tische warteten jedoch bereits, und in der Küche kicherten die Serviererinnen. Das Frühstück bestand aus weichen Eiern, Ziegenkäse und Sprotten in Dillsauce, dazu gab es süße Butter und Schwarzbrot. Nachdem ich Kaffee getrunken und eine kleine Schale frischer Erdbeeren gegessen hatte, ging ich in mein Zimmer zurück, um mich für den Fluss umzuziehen. Es war kalt, und Radio Bergen kündigte Wolken und Regen an. Frische Haarschwingen-Fliegen, Ackroyds und Orange Charms, die ich vor dem Frühstück gebunden hatte, lagen auf dem winzigen Nachtkästchen.

Während ich den alten Mercedes belud, legte die Fähre aus Kaupanger an. Das Schiffshorn tönte durch das Tal, das Echo hallte von den Steilabbrüchen zurück.

„Scheint ein guter Tag zu werden", meinte Andreas Olsen, der berühmte Guide, der mich vor seinem Landhaus begrüßte, bevor er in mein Auto stieg.

„Mögen die Fische Regen?"

„Scheint so", nickte er nachdenklich, „meist sinkt der Wasserstand des Flusses, wenn es regnet."

„Er sinkt, wenn es regnet?"

Der erfahrene Guide lächelte nachsichtig. „Die Wolken verhindern, dass die Eisflächen auf den Bergen abschmelzen, und für das Fischen in den Flüssen ist es günstiger, wenn er weniger Schmelzwasser gibt", erklärte er.

„Klingt vernünftig", stimmte ich ihm zu. „Wo werden wir fischen?"

„Am Kvelde", lautete seine Antwort.

Andreas Olsen kannte den Lærdal wie kein anderer Guide des Tales, seit sein Vater und der legendäre Flusswart Jens Klingenberg nicht mehr lebten. Er hatte für Prinz Axel von Dänemark und seinen berühmten Sohn Olav Olsen gearbeitet, nun band er Fliegen für Prinz Harald von Norwegen.

Die Straße windet sich südlich von Lærdalsoyri an den winzigen mit Brettern verschalten Häusern und an dem von einem Kiefernwäldchen umgebenen alten Kirchhof vorbei bis zu den vereinzelten Gehöften oberhalb der Stadt. Die Schei-

OBEN: *Am Alta müssen die Angler den großen Lachsen mit dem Boot folgen. Wenn die Fische ermüden, legen die Kanus an, der restliche Kampf wird vom Ufer aus geführt.*

OBEN GEGENÜBER: *Willie Gunn.*

benwischer tanzten rhythmisch, als wir an den Wiesen und den Terrassen von Hunderi vorbeikamen. An der Kreuzung nach Tonjum luden Bauern in gelben Regenmänteln Milchkannen auf, in den Flusstälern weideten Milchkühe. An der neuen Brücke in der Nähe des Kvelde-Pools stiegen wir aus dem Auto.

„Andreas, welchen Pool haben wir heute Morgen gezogen?", fragte ich.

„Wallholen", antwortete er.

Thomas Falck fischte bereits oberhalb der Brücke. Er winkte uns zu und teilte uns mit einem Kopfschütteln mit, dass er kein Glück hatte. Wir kletterten über Steinmauern zum Pfad, der den Fluss entlang lief. Der Wallholen, der Pool, den wir in Rikheim gezogen hatten, lag mehrere hundert Meter weiter stromaufwärts.

Der Pfad schlängelte sich an Kartoffel- und Kohlfeldern vorbei, die Zauntritte waren von einem Dickicht roter Himbeeren überwuchert. Regentropfen glitzerten auf den köstlichen Beeren. Wir gingen durch einen Korridor silberner Birken, hinter denen der Fluss rauschte, weiter.

Der Lærdal bricht bei Gammleboll durch die Wiesen und braust an den riesigen Granitpfeilern vorbei, die die Straße nach Fagernes stützen. Die Strömungen peitschen gegen die bemoosten Mauern und tanzen in den Tiefen des Wallholen.

Die Lachse halten sich in den ersten sechzig Metern der Strömung auf. Sie stehen unter saphirblauen, schäumenden Stromwirbeln, dort, wo der Fluss seidig glatt hervorquillt, bevor er dem Ende zu über feinem Kieselboden seichter wird. In den ruhigen Randzonen würden in den kommenden Wochen Meerforellen zu finden sein, aber wir waren auf größere Fische aus.

Olsen betrachtete skeptisch meine leichte Rute, obwohl er gesehen hatte, wie ich damit in Tonjum einen Zwanzigpfünder herausgezogen hatte.

„Wir fischen schließlich mit kleinen Fliegen", protestierte ich.

„Bete um Junglachse", seufzte er.

Olsen wählte eine der traditionellen Jock Scotts aus meiner Wheatley-Box und knüpfte sie sorgfältig an meine Vorfachspitze. Er führte mich vorsichtig über den Kiesstrand zum Eingang des Pools, wo er stehen blieb, um den Fluss zu studieren.

„Hier anfangen", ordnete er an.

„Stehen sie so hoch?", fragte ich. „Die Strömung scheint hier noch sehr stark zu sein."

„Sie stehen unterhalb der Strömung", erwiderte er.

Die Leerwürfe sausten im Sprühregen vor und zurück, gewannen an Weite, die Fliege setzte weit hinter der Strömung in der Nähe der Steinpfeiler auf. Ich sorgte dafür, dass die Schnur einen Bogen gegen die Strömung machte und senkte die Rute,

UNTEN: *Detailaufnahme der Schwanzflosse eines zum Laichen aufgestiegenen Lachses und der behandschuhten Hand, die ihn hielt.*

RECHTS: *Ted Dalenson, der von einem traditionellen Kanu aus am Altaelv fischt, drillt den vermutlich größten Lachs, den er je anhakte. Nach einstündigem Kampf löste sich die Fliege. Der Fisch wog an die 50 Pfund. Das schöne Licht betonte die Dramatik des Kampfes.*

um die Fliege in Bewegung zu setzen, mendete wieder und wieder, um sie im schnellfließenden Wasser zu verlangsamen, bis sie sich im Zentrum der Woge befand. Als sie aus der schäumenden Gischt auftauchte, bewegte ich sie in einem verführerischen Rhythmus. Ich ging einen Schritt weiter und warf erneut aus. Jeder Wurf schnitt durch den Regen, zielte weit über den Fluss und kam in konzentrischem Bogen zurück. Nichts. Die berauschende Erwartungshaltung, die sich vor dem Fischen in einem unbekannten Pool einstellt, begann abzuflauen.

„Es rührt sich nichts im Fluss."

„Geduld", der alte Guide lächelte. „Es kommen noch zwanzig Meter gutes Wasser."

Plötzlich veränderte sich der Rhythmus der Strömung, sie schien unmerklich anzuschwellen, bevor zwei riesige Wirbel hinter der Fliege aufwallten. Olsen füllte seine alte Pfeife, wobei er die Dose mit den Händen vor dem Sprühregen schützte. „Wirf noch einmal", sagte er.

Sorgfältig warf ich die Fliege nach derselben Stelle aus, mendete erneut, um die Geschwindigkeit im Zentrum der Woge zu verlangsamen. Wieder erschien der Lachs wie eine dunkle Zinnfigur, durchstieß die Oberfläche hinter der treibenden Fliege, und die Rute krümmte sich, als er mit der Jock Scott im Maul wendete. Er hielt kurz inne, bevor er plötzlich vierzig Meter stromabwärts schoss und sich mehrmals überschlug. Reifen quietschten, ein Autofahrer wollte sich das Spektakel nicht entgehen lassen.

„Wie groß?"

„Größer als ein Junglachs", lachte der alte Mann.

Olsen meinte, dass er mehr als fünfunddreißig Pfund wog. Nun hielten auch andere Autos an, selbst der Linienbus nach Fagernes blieb stehen. Die Menschen versammelten sich an der Brüstung der Straße, eine Phalanx schwarzer Regenschirme, die uns ermunterte und Ratschläge zurief. Wieder schnellte der Fisch hoch und krümmte sich wie ein Akrobat, die Menge hielt den Atem an. Der Lachs stieß in die Tiefen des Pools vor, schüttelte zornig zwischen den Felsen seinen großen Laichhaken, sprang erneut hoch. Er wälzte sich an der Oberfläche, schlug auf das Wasser ein und zwang mich, immer mehr Schnur zu geben.

Er flüchtete, während wir die felsige Uferbank entlang kletterten, doch blieb er im Seichtwasser des Auslaufes, wo sich

OBEN: *Rote Scheunen und Birken prägen die Landschaft Norwegens.*

RECHTS: *Erwartungsvoll befischt ein Angler einen Pool des Lærdal beim Dorf Lærdalsoyri. Zu Saisonbeginn schwillt der Fluss durch das Schmelzwasser an.*

OBEN: *Idyllischer Blick über das schöne Tal des Namsen, in dem sich angeblich große Fische aufhalten.*

die Strömungen sammelten, wieder stehen. Das Wasser staute sich über seinem fülligen Leib, wie ein großer Stein stand er in dem seichten Wasser. Ich betete und wartete. Schließlich arbeitete sich der große Fisch langsam in das tiefe Wasser zurück, während er stur gegen die durchhängende Schnur ankämpfte und zum Eingang des Pools zurückkehrte. Er sprang erneut, platschte unbeholfen ins Wasser zurück und tauchte geschwächt in der Flussmitte auf.

„Er wird müde", rief ich.

Der große Fisch schien am Ende zu sein. Seine riesige Schwanzflosse fächerte sich auf und wedelte, vorsichtig arbeiteten wir uns stromaufwärts, wobei wir verstohlen kostbare Schnurlängen zurückgewannen. Ich zwang den Lachs von den stärksten Strömungen weg, bis er sich beinahe hilflos gegen den Druck stemmte.

„Fertig machen!", murmelte ich beschwörend.

Olsen bückte sich mit dem Gaff, um von dem Fisch nicht gesehen zu werden.

OBEN: *Thorpe McKenzie zeigt stolz seine außergewöhnliche Beute, einen 35 Pfund schweren Lachs, den er im Hochsommer am Altaelv fing.*

Der Lachs rollte zur Seite, seine glänzenden Kiemendeckel hoben und senkten sich sichtbar müde im bleiernen Licht, und ich senkte die Rute seitwärts, um ihn näher zu dem wartenden Guide zu führen.

Der alte Flussführer holte mit dem Gaff aus und bereitete sich auf den Schlag vor, behäbig rollte der Lachs herum. Er war fast in Reichweite, als die kleine Jock Scott sich löste. Der große Fisch trieb jenseits des Gaffs, sammelte im Seichtwasser Kräfte und verschwand. Die Zuschauer atmeten schwer, und die beschirmte Schar kehrte zum Bus zurück.

„Verflucht!", stieß ich hervor.

Mein Guide kam wortlos an den Strand, sammelte unser Gerät vom Ufer ein, und ging den Pfad durch die Birken zurück. Wir waren in schlechter Laune, als wir an den Zauntritten vorbeikamen und Himbeeren im Regen aßen.

Manchmal ist die größte Tugend eines Guide sein Schweigen.

UNTEN: *Temple Dog.*

LINKS: *Ein amerikanischer Angler und seine beiden Guides präsentieren stolz zwei Fische, die sie am Abend gefangen haben.*

NORWEGEN: INFO

WISSENSWERTES

Es waren die Engländer, die um 1880 das Fliegenfischen auf die großen Atlantischen Lachse an den norwegischen Flüssen einführten. Norwegen brüstete sich lange Zeit, dass die Atlantischen Lachse an vielen seiner Flüsse die höchste Durchschnittsgröße aufwiesen, und die riesenhaften Salmoniden lockten auch die ersten Forscher an. Um diese kapitalen Fische ranken sich viele Geschichten. Das Außergewöhnliche an Norwegen ist, dass diese Erzählungen an den besten Flüssen des Landes nach wie vor Wirklichkeit werden. Flüsse wie der Altaelv, der Namsen, die Gaula und andere bringen jedes Jahr Fische von vierzig, ja sogar fünfzig Pfund hervor.

Norwegen war jedoch nicht immer eine Fischeridylle. Es war eine der ersten Nationen, die ihre Mündungsnetze schloss, die Fische wurden von Krankheiten heimgesucht, was dazu geführt hat, dass Flüsse wie die Driva und der Lærdal für die Rutenfischerei gesperrt wurden, bis sich die Lachsbestände wieder erholt hatten.

In Norwegen hat ein Fischer jedoch nach wie vor die beste Chance, den Atlantischen Lachs seiner Träume anzuhaken und zu landen. Das Fischen im traditionsreichen Land der Mitternachtssonne, vor dem Hintergrund fantastischer Fjorde, Berge und Täler, ist eine unvergessliche Erinnerung für alle Fliegenfischer, die das Glück hatten, hierher kommen zu dürfen.

REISEZEIT

Oberhalb des 60. Breitengrades sind die Nächte mit nur ein zwei Stunden Halbdunkelheit im Juni und im Juli kurz. In ganz Norwegen erwarten die Fischer am 31. Mai ungeduldig die Mitternacht und den Beginn der neuen Saison. Es heißt, dass die größten Fische im ersten Monat der Saison auftauchen, während die kleineren Lachse und Grilse die restliche Saison aufsteigen. Juni und Anfang Juli sind auf Grund der Schneeschmelze die Monate mit dem höchsten Wasserstand der Flüsse. An den größeren Flüssen ist wegen der stürmischeren Wasserverhältnisse zu Saisonbeginn häufig Bootsfischen erforderlich. Die Saison endet im August.

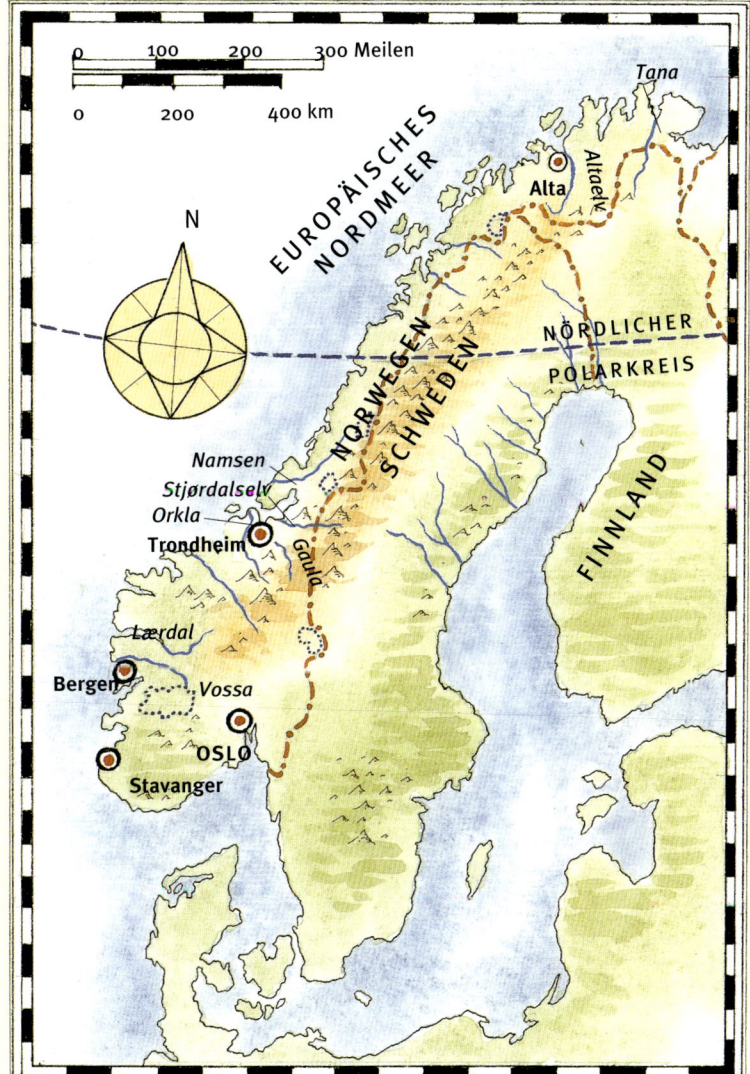

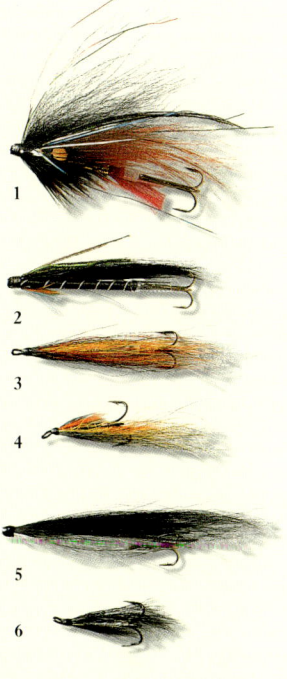

FLIEGEN: 1 *Temple Dog* 2 *Baldrick Tube* 3 *Willie Gunn* 4 *Munroe Killer* 5 *Sunray Shadow* 6 *Silver Stoat*

ANGELGERÄT

RUTEN: Zweihändige, 4–5 Meter lange Ruten für Schnüre der Klasse 9–11.

ROLLEN: Große Direct-drive-Rollen mit verstellbarer Scheibenbremsung, die die Schnur und mindestens 140 Meter Backing mit 13 Kilogramm Tragkraft fassen.

SCHNÜRE: Zu Saisonbeginn schnell sinkende Schnüre, später Intermediate- und Schwimmschnüre.

VORFÄCHER: Vorfächer mit 2–11 Kilogramm Tragkraft.

FLIEGEN: Für die folgenden traditionellen Muster empfehlen sich große Haken: Green Highlander, Akroyd, General Practitioner und Comally. Bei Tubes und Waddingtons zählen zu den Favoriten: Baldricks, Sunray Shadows, Temple Dogs und Willie Gunns.

Wesleys Fluss

Kanada

Tom McGuane

„Beim Erwachen hörte ich die wundervolle Musik der Vögel in den Wäldern, die das Camp umgaben. Für westliche Ohren ist das Glissando des Rotschwänzchens ein Mysterium. Ich dachte an den Dunstschleier über dem Himmel, die Nähe des Meeres, die Vorfreude, auf starke Meeresfische aus dem Nordatlantik zu fischen, deren Mythos die Fantasie jedes Anglers beschäftigt."

Kürzlich rief meine elfjährige Tochter bei Gästen, die wir nicht besonders gut kannten, Erstaunen hervor. Sie hatte – vermutlich von ihrem Bruder – die Formulierung „das F-Wort" aufgeschnappt, und verkündete, in der Annahme, dass dies in unserem Haus nur Fischen bedeuten konnte, der versammelten Runde: „Mein Vater hat nur das F-Wort im Sinn." In das erstaunte Schweigen fügte sie ergänzend hinzu: „Wenn er es nicht gerade tut, dann liest er darüber."

Nun, das stimmt, aber ich mag nicht alle seiner Varianten, und manche der neueren Methoden des Forellenfischens, die in meiner Heimat Montana praktiziert werden, wecken in mir geradezu Abscheu vor ihren Verfechtern. Um keinen Preis möchte ich wieder diesen großen Mann am Ufer des Poindexter Slough sehen müssen, der seine Fliegen mit Magic Markers färbte, um die schlüpfenden Eintagsfliegen zu imitieren. Doch findet sich immer ein kleines Flüsschen, das keiner mag, eine von Gestrüpp verborgene Flussbiegung, ein von der Straße abgelegener Teich unter wilden Apfelbäumen. Solche Orte sollten Sie aufsuchen.

OBEN: *Purple Bomber*.

In diesem Sommer hatte ich die Möglichkeit, den Technikfreaks unter den Fliegenfischern mit schwirrendem Splitshot, 7X-Vorfächern und Teppichfaserimitaten von Unterwassergetier zu entkommen. Ich verbrachte eine Woche in einem Portageur-Kanu (kein Bonaventure und kein Gaspé) mit Wesley Harrison, der seit dreiundfünfzig Jahren Guide am Grand Cascapedia in Quebec war. Ein Portageur-Kanu, wie Wesley es nannte, ist ein bequemes Flussfahrzeug mit breitem Boden, das Platz genug für Netze und Regenschutz bietet; es kann mit einem leichten Außenbordmotor angetrieben werden und gleitet ruhig von einem

Ankerplatz zum nächsten über den Fluss. Man benötigt jemanden, der den Anker bedient. Ein fröhlicher junger Kanadier namens Jeff übernahm diese Aufgabe und half Wesley hingebungsvoll, das Boot bei seinem Ballett über die Stromschnellen und Windungen des großen Flusses zu steuern.

Man hatte mich vorgewarnt, dass Wesley mich an Land setzen würde, wenn ich nicht ernsthaft fischte oder Fische entkommen ließe. Er hatte mehr als einen Sportsmann vorzeitig mit der Empfehlung entlassen, erst anderswo fischen zu lernen. Ich konnte mich aber durchaus mit dem Gedanken anfreunden, dass die Würde eines großen Flusses Ernsthaftigkeit, wenn nicht gar Feierlichkeit verlangte. Diese Männer waren vor der Erfindung von Jet-Skiern und anderem Firlefanz, den dieses maßlose Zeitalter hervorbrachte, aufgewachsen. Der Fluss war für sie eine so wunderbare Frau, dass sogar ihr Rocksaum Huldigung verdiente.

Beim Erwachen hörte ich die wundervolle Musik der Vögel in den Wäldern, die das Camp umgaben. Für westliche Ohren ist das Glissando des Rotschwänzchens ein Mysterium. Ich dachte an den Dunstschleier über dem Himmel, die Nähe des Meeres, die Vorfreude, auf starke Meeresfische aus dem Nordatlantik zu fischen, deren Mythos die Fantasie jedes Anglers beschäftigt.

Ich frühstückte mit meinen Gastgebern, es gab selbstgemachte Pasteten, selbstgemachte Konfitüre, gelbbraunen Schinken und Bauerneier. Ich nahm Rute und Sweater, ein Buch über Lachsfliegen auf Patridge-Wilson-Haken, und Bonbons, die ich in aufregenden Momenten gerne lutsche. Meine einzigen Befürchtungen waren, dass mich der Blitz treffen könnte oder dass Wesley mich an Land setzen könnte.

OBEN: *Vater und Sohn haben am Grand Cascapedia, einem der besten Lachsflüsse Quebecs, einen Fisch angehakt. Die Guides, kanadische Indianer, steuern das Boot und bereiten das Einholen des Fisches vor.*

Ich traf Wesley Harrison und seinen Bootsmann Jeff. Wesley war ein großer, kräftig gebauter und freundlicher Mann um die Siebzig, der sein Kanu schon Tausende von Meilen gesteuert hatte, Jack ein dünner Junge mit regem Verstand und durch und durch ehrlichem Charakter. Ein Auge hatte er immer auf Wesley gerichtet, um seine Handgriffe auf ihn abstimmen zu können.

Ich sagte Wesley, dass mir der Fluss etwas dunkel erschien. Er schüttelte vage den Kopf. „Nicht gut", meinte er. Wir stießen vom Ufer ab und ließen den Motor

OBEN: *„Der Fisch der tausend Würfe" – so werden Atlantische Lachse genannt, wenn sich nichts bewegt. Doch kaum schweift man ab – Bingo! Schon zeigt sich einer!*

an. Ich saß in der Mitte des Kanus, meine Fingerspitzen berührten die Fliegenrute, die quer über den Ruderbänken lag. Mit einem Auge beobachtete ich den sich hinter mir öffnenden Fluss, mit dem anderen Auge Wesley, dessen Schirmkappe von links und nach rechts wanderte, während er unseren Kurs bestimmte.

Wir begegneten einem Kanu mit zwei Micmac-Indianern, die einen elegant gekleideten Sportsmann an Bord hatten, der uns ignorierte. „Dieser alte Indianer

LINKS: *Wie in vielen Camps von Lachsanglern findet sich auch hier eine große Auswahl an Geräten, die die Vorlieben der Angler widerspiegeln.*

ist schon komisch", sagte Wesley. „Gestern habe ich ihn gefragt, ob sie etwas gefangen hätten, und er rief laut: Nichts. Fischer nicht gut!"

Wesley stellte den Motor ab, nahm das Paddel und führte uns lautlos stromabwärts zum oberen Ende des langen Pools. „Wirf den Anker, Jeff", unser Bootsmann folgte der Anweisung. Das Kanu hielt, und der Grand Cascapedia flüsterte am Rumpf vorbei. „Mit einem Burschen wie Jeff gibt's keine Schiffbrüchigen", sagte Wesley. „Wenn wir ertrinken würden, würde Jeffs armes Mädchen ja am Ufer auf- und ablaufen und sich die Augen ausweinen." Ich sah zu Jeff zurück, der den Himmel betrachtete. Er musste schon länger so da gesessen haben. Dann wandte er sich mir zu: „Hier rechts werden wir fischen."

Ich dachte an den Vater meines Gastgebers, der am Abend zuvor, tief versunken in seinem Sessel auf der Veranda über dem Fluss Izaak Walton zitiert hatte: „Wenn die Sonne scheint und der Mond es gut meint, beißen die Fische. Oder auch nicht." Alles Mögliche geht einem durch den Kopf, wenn man auf unbekanntes Wasser mit all seinen Verheißungen und Geheimnissen sieht. Dies war ein wirklich feiner Pool in einem Bett aus Steinen und den Wurzeln alter Bäume, mit einem langen, tiefen, vibrierenden Wasserlauf in seinem Zentrum. Das Wasser war von den Erlen dunkel wie Tee gefärbt, doch wurde es rasch wieder klarer.

Ich warf meine erste Fliege, eine Green Highlander, in sich weitenden Bögen aus, wobei ich die Schnur bei jedem Wurf um eine Armeslänge verlängerte, bis ich unter Wesleys Adleraugen meine längste Wurfdistanz erreicht hatte. Ich kurbelte auf, das

LINKS: *Die Lichter der Unterkunft der Guides bei der Sutter-Lodge leuchten in der Dämmerung.*

KANADA

Zeichen für Wesley, dass er mit dem Paddel wieder in Hockstellung am Dollbord ging, und für Jeff, dass er den Anker hob, und wir zum nächsten Ankerplatz ruderten. Die Strömung war hier anders, Wesley ließ das Paddel im Wasser, um das Schwanken des Kanus auszugleichen.

Wir setzten unser Gespräch fort. Ich hatte schräg zum Fluss ein kleines Tal gesehen und fragte Wesley danach. „Oh, das Leben ist hart dort", meinte Wesley, „mehr Essenszeiten als Essen." Ich bemerkte ein Glitzern in Wesleys Augen. „Es gibt da oben einen alten Mann, der so arm ist, dass er seinen Hund in einer Schubkarre zum Tor bringen muss, wenn er Fremde anbellen soll." Wesley erzählte von den dort lebenden Menschen, während ich auf der Suche nach bewegten Schatten im Umkreis meiner Fliege Löcher in den Fluss starrte.

Ich befischte diesen Standplatz langsam, da ich der Meinung war, dass wir im Zentrum des Geschehens wären. Dann und wann flog eine Möwe über unsere Köpfe, die mich daran erinnerte, dass der Ozean nicht weit entfernt war, was hier an diesem Süßwasserfluss unvorstellbar schien. Am Grunde des Pools verschwand der Fluss in einem Felsspalt, und ich dachte, dass er hier enden müsste. Wesley starrte auf den Pool, als meine Schnur an die Oberfläche glitt. „Was ist los, Mr. Lachs, heißer Tag heute? Wir werden Sie in den Kühlraum stecken, um Ihnen die Mühe zu ersparen, die weite Strecke stromauf zu schwimmen."

Wir sprachen über das Leben in Cascapedia, einem kleinen Ort, der wie viele andere alle Probleme der Welt, auch Drogen, kannte. „Nette junge Burschen geraten an diese Drogen. Nach ein paar Monaten sehen sie aus, als ob sie durch ein Astloch gekrochen wären", erzählte Wesley.

In diesem Augenblick verdrängte ein erstaunlich großer Schatten das Wasser im Umkreis meiner Fliege, ich hatte einen Lachs angehakt. Meine Rolle begann bei seiner ersten Flucht zu knarren, dann sprang der Fisch kraftvoll hoch über die Wasseroberfläche. Ich griff mit den Fingern in die Rollenspule, um die Dinge zu verlangsamen, doch war klar, dass der Fisch nicht so leicht unter Kontrolle zu bringen war. Ein weiterer vehementer Sprung, diesmal seitwärts. Irgendwie wurde der Anker gelichtet, und Wesley ruderte uns zur Kiesbank an der anderen Seite des Pools. Ich stieg aus, um den Kampf mit dem Fisch fortzusetzen, während Wesley den Kescher vorbereitete und Jeff das Kanu an Land zog. Der Fisch sprang erneut und zerriss das Vorfach. Welsey kam zu mir und betrachtete meine gestreckte Rute. Stille. Dann frage er reichlich kühl, wie mir schien: „Was ist passiert?"

RECHTS: *Die hohen bewaldeten Berge lassen das Kanu, das in der Flussmitte verankert ist, zwergenhaft klein erscheinen. Die Angler werfen über eine vielversprechende Stelle aus.*

KANADA

Er wollte mein Gerät überprüfen. Offenkundig missbilligte er das verjüngte Vorfach. Ich vergaß meine eigenen Ansichten und nahm eines von seinen, band eine weitere Fliege an und begann den nächsten Standplatz zu befischen. Ich wusste, wie die Dinge liefen. Der nächste Biss konnte vielleicht erst eine Woche später stattfinden. Im Kanu herrschte Grabesstille. Ich begann den Standplatz mit der selben Methode zu befischen: Wurf, verlängern, Wurf, verlängern. Die Wassergeschwindigkeit nahm weiter unten im Pool zu und ich musste sorgfältig darauf achten, dass die Schnur einen Bogen gegen die Strömung machte. Ich konnte immer noch den Sprung des Fisches sehen, das ziehende Knarren der Rolle hören, den Verlust spüren, als sich die Rute aufrichtete. Und dann Wesleys Frage: „Was ist passiert?" Glücklich war ich nicht!

UNTEN: *Goldener Sonnenuntergang am Miramichi. Ein Angler fischt nach stromaufwärts wandernden Fischen.*

UNTEN: *Green Machine.*

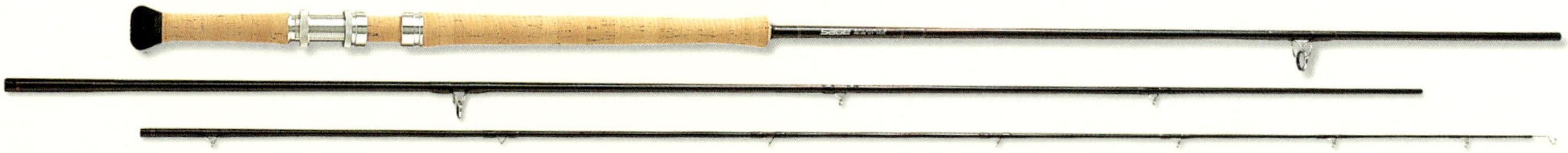

Doch dann hakte ich einen weiteren Fisch an, einen wild flüchtenden silberhellen Meeresfisch; und dieser endete nach mehreren wunderschönen Sprüngen in Wesleys Netz. Wesley meinte mit einem breiten Lächeln, das mir Absolution erteilte: „Ein Frischer, direkt aus dem Garten!"

Wir stürmten den Fluss entlang auf das Camp zu, hohe Farnkräuter schlugen an das Dollbord. Als wir anlegten, drückte Wesley meine Hand und meinte, dass wir uns am nächsten Morgen wieder sehen würden. „Du kannst uns jetzt nicht verlassen", meinte er. „Der gemeinsame Kampf mit dem Lachs verbindet!"

Ich eilte durch die mit wilden Erdbeeren bewachsenen Ufer zurück, freute mich auf ein Schläfchen und die Flussgedichte von Michael Drayton, und dachte, dass niemand mir etwas schuldete.

UNTEN: *Welche Fliege eignet sich für den letzten Pool vor dem Abendessen?*

KANADA

LINKS: *Ein prächtiger 24 Pfund schwerer Fisch wird im klaren Wasser des Bonaventure wieder freigesetzt.*

KANADA: INFO

WISSENSWERTES

Von Neu-Schottland über Neu-Braunschweig, Quebec und Labrador bis Neufundland besitzen die Meeresprovinzen Kanadas mehr als 400 Lachsflüsse. Hier befinden sich einige der schönsten Gewässer der Welt mit aufsteigenden Atlantischen Lachsen, die als akrobatische und zähe Kämpfer bekannt sind. Bis zum Beginn dieses Jahrhunderts wurden abgelegenere Gebiete nicht befischt, da sie erst durch die Wasserflugzeuge zugänglich wurden. Viele der bahnbrechenden Expeditionen gehen auf den legendären Fliegenfischer Lee Wulff zurück, der auch mehrere Techniken und Praktiken der Fischerei auf Atlantischen Lachs entwickelte, wie etwa den „Portland-Knoten" (eine Methode des Fischens mit einer konventionellen Nassfliege, die über die Wasseroberfläche schlittert).

Die Ausbeute in den Meeresprovinzen ist nicht mehr so ergiebig wie früher, doch stehen viele der Flussnamen für große Fische. Flüsse wie Grand Cascapedia, Moisie, Restigouche und Matapedia bringen nach wie vor Fische der 30–40-Pfund-Klasse hervor. Kanada versucht unablässig, die Lachswanderungen in seine Gewässer zu fördern. Im Mai 1998 kündigte der Altantic Salmon Federation's Quebec Council einen Aufkauf der verbleibenden kommerziellen Fangbetriebe der Provinz an. Dies würde neben den strengen Fangbeschränkungen, die für Angler und Fliegenfischer gelten und welche die Anzahl der zurückkehrenden Fische erhöhten, die Bilanz der Fangzahlen weiter verbessern.

Für Fliegenfischer, die diese fantastischen Flüsse besuchen wollen, sieht die Zukunft rosig aus.

REISEZEIT

Der Saisonbeginn kann von hohem Wasserstand und kalten Temperaturen beeinträchtigt sein. Mitte Juni wandern in den meisten kanadischen Flüssen die ersten größeren, ausgereiften Fische hoch. Mitte Juli beginnt die Wanderung der Grilse. Während niedriges Wasser und heller Sonnenschein die Fische im August scheu machen kann, erlebt die Fischerei im September, wenn die letzten Fische in die Flüsse aufsteigen, wieder einen Aufschwung. Unter den Nachzüglern befinden sich zu dieser Zeit bisweilen die größten Fische des Jahres.

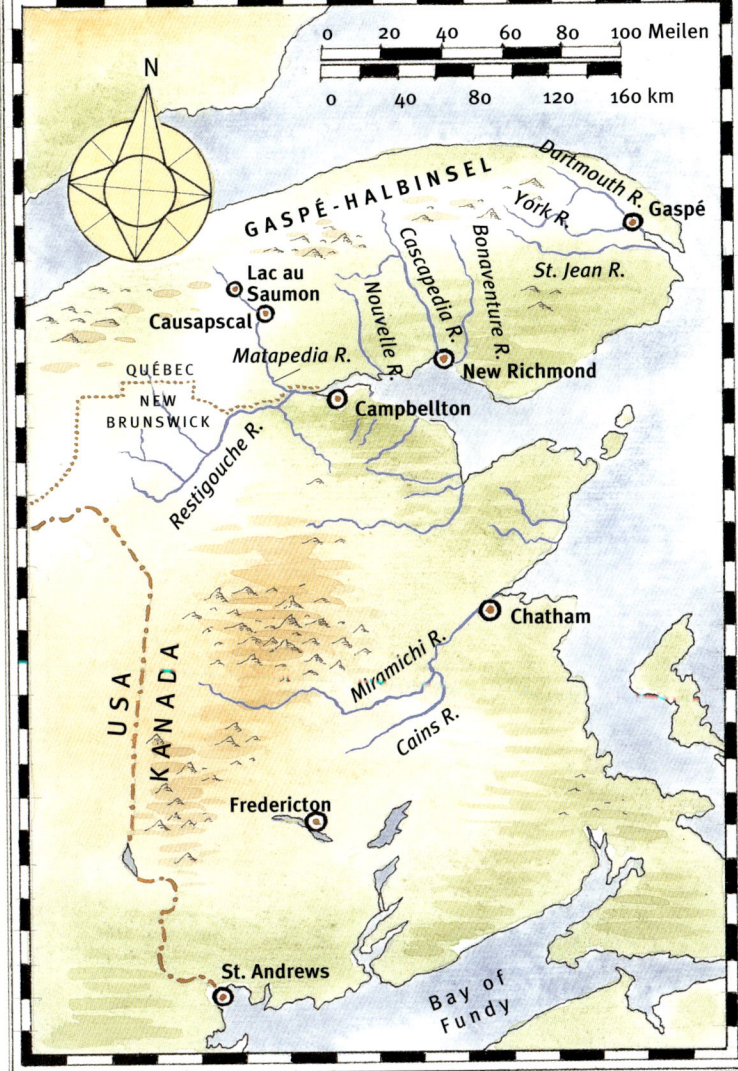

ANGELGERÄT

RUTEN: Einhändige, 2,7 Meter lange Ruten für Schnüre der Klasse 7–9.

ROLLEN: Direct-drive-Rollen, die 140 Meter Backing plus Fliegenschnur fassen.

SCHNÜRE: Schwimmschnüre, zu Saisonbeginn Sinktip- und Intermediate-Schnüre.

VORFÄCHER: Mindestens 3,6 Kilogramm, eventuell bis zu 7 Kilogramm Tragkraft.

FLIEGEN: Trockenfliegen: Bomber-, Wulff-, Muddler-Serie, Brown Bi-visible und Macintosh – Nassfliegen: Rusty Rat, Silver Rat, Cosseboom, Blue Charm, Jock Scott, Thunder and Lightning und Black Dose.

FLIEGEN: *Ein Sortiment aus der Bomber-Serie. Dies sind zwar keinesfalls die einzigen Fliegen, die sich für die Lachsfischerei in Kanada eignen, aber vielleicht die aufregendste Wahl, weil das Nehmen der Lachse zu sehen ist.*

Sonntags nie

Schottland

David Profumo

„Als ich eines Abends eine Fliege im Rocky Cast treiben ließ, blitzte eine graue Flanke auf, und meine kleine Stoat verschwand von der Oberfläche wie ein gelöschter Tippfehler. Die Hardy Perfect krächzte, als der Fisch uns zum Fir Dam hinunter führte, wo sich das Universum öffnete und einen riesigen Lachs in die Luft spie. Die Sonne war bei unserer Ankunft an jenem Ort, der Paradise genannt wurde, bereits untergegangen. Mr. Murray entfernte den Champagnerkorken von seiner Gaffspitze und beugte sich vor, ein Wirbel entstand am Rande des Wassers, und er hatte meine Trophäe am Haken."

OBEN: *Ansicht des überwältigenden Glencalvie-Reviers am Carron im schottischen Hochland.*

Es begann nicht mit einem Lachs, sondern mit einem Aal. Ich erinnere mich deshalb so deutlich, weil es im selben Jahr war, in dem wir beinahe das Schloss niedergebrannt hätten, und eine Gouvernante mein Gesicht in heißen Haferbrei tauchte. Ich war fünf Jahre alt, und meine Familie hatte dieses Schloss an der Royal Deeside für die Ferien gepachtet. Die Feuernacht mag in die Geschichte des Ortes eingegangen sein, doch für mich war der Höhepunkt jenes Sommers der Tag, an dem ich zum ersten Mal eine Rute in meinen Händen hielt. Es war ein japanisches Modell mit einem roten Plastikgriff und ich versenkte einen Wurm in einen Hochwasser führenden Bach, dessen Wasser braun wie Bratensaft war. Der Aal, den ich anhakte, war mein erster Fisch, den ich stolz im Waschbecken des Badezimmers im Schloss zur Schau stellte, bis einer der Erwachsenen seine Beseitigung verlangte.

OBEN: *Nachmittägliche Rast vor der Fischerhütte am Fir-Park-Pool am Dee.*

Seither verbrachte ich, obwohl ich Engländer bin, einen großen Teil meines Lebens im Norden, und heute besitze ich nicht weit vom Dee entfernt ein Haus. Ich hatte das Glück, an mehr als dreißig verschiedenen schottischen Flüssen und Seen nach Lachsen zu fischen. Ich wurde ein *aficionado*, ein Amateur, ein Liebhaber dieses Sports (ein Experte – ein Mann der achtundsiebzig Liebesstellungen kennt, aber keine Frau findet – bin ich nicht). Heute fühle ich mich fast treulos, wenn ich in Island auf Lachse oder in Alaska auf Keta-Lachse fische, doch kehre ich immer nach Schottland zurück, – auch wenn die Lachse etwas rar werden, denn es sind meiner Meinung nach ohnehin eher die kleineren Erfolge als die großen Triumphe, die die Freude des Fischens ausmachen.

Für die meisten Menschen sind Fische, selbst die kleinen, nicht anziehend – es sind keine Streicheltiere, doch ist der Lachs einer der wenigen, der das Charisma

UNTEN: *Sweep*.

UNTEN: *Ein Angler und sein Guide beraten sich am Oykel.*

großer Wildtiere hat. Er ist ein glamouröses Geschöpf, ein Nomade, der sich aus den dunklen Gezeiten stromaufwärts kämpft, der sein Silberkleid gegen Sack und Asche eintauscht, und in dem Quellgebiet, in dem er geboren wurde, verwest. Die meisten Gesellschaften kennen Flussmythen, kein Wunder, dass die Stadtgemeinde von Peebles ihr Motto *Contra nando incrementum* („Gegen den Strom schwimmen stärkt") von den Laichwanderungen der dortigen Fische ableitet. Tatsächlich ist in vielen Teilen Schottlands die Ausbeute der Fischwanderungen, die einst wesentlich für das Überleben der Clans war, nach wie vor ein wichtiger Wirtschaftsfaktor.

Die rituelle Bekräftigung der wirtschaftlichen Bedeutung zeigt sich, wenn man Mitte Januar den Oberlauf des Tay besucht, wo die lange Saison mit einer Segnung der Boote eröffnet wird. Kenmore, wo sich der älteste Gasthof Schottlands befindet, ist ein Teil Schottlands, den das 20. Jahrhundert zu verderben vergaß. Zur Eröffnung der Saison findet dort eine Prozession statt, die in der Begleitung von Dudelsackpfeifern zum Hafen marschiert. Als Sportsmann empfinde ich Begeisterung für abergläubische, beschwörende Zeremonien, von der Ichthyomantie der alten Griechen bis hin zu den Bräuchen der Wonkgongaru-Aborigines, die verlangen, dass der Häuptling sich an einer sehr schmerzhaften und männlichen Stelle durchbohrt. Früher waren Zeremonien am Wasser vor der Jagd sehr verbreitet. In Kenmore wird keine Körperdurchbohrung verlangt, sondern lediglich der Inhalt einer *quaich*, einer verzierten Tasse, in den Fluss geleert. Dann stürmen Dutzende von Anglern los.

Da sich unser Jahrhundert der Fischerei dem Ende zuneigt, gleicht die Suche nach einem springenden Lachs in Schottland der Jagd nach dem Einhorn, doch in seiner Blütezeit war Loch Tay der *locus classicus* für diese großen Schönheiten. Ich glaube, der Rekord waren Colonel Murrays einunddreißig Fische, die durchschnittlich achtzehn Pfund wogen (damals entlohnte man den Guide mit drei Schilling und acht Pence pro Tag, sowie etwas Whisky, um ihn auf Touren zu bringen). Heute wird man, wenn man seine hölzerne Devon über vielversprechende Standplätze am Fluss beugt, eher mit dem Zug eines Kelt oder Baggart (eines Lachses, der noch nicht abgelaicht hat, auch „verhinderte Matrone" genannt) belohnt, doch wenngleich diese natürlich unverletzt freigesetzt werden müssen, beginnt das Herz zu klopfen, wenn man den pulsierenden Widerstand fühlt. Ich gehöre nicht zu den Puristen, die sich eher ihren Arm abhacken ließen, als einen anderen Köder als eine Fliege zu benützen. Man sollte nicht vergessen, dass dies einer der größten Flüsse Schottlands ist. Es kann Schwerarbeit sein, ihn abzufischen, vor allem an den unteren Strecken unterhalb des Macbeth-Landes, wo die Pools klingende Namen wie Fire Shot, Kill Moo und Rumling Stane tragen.

Der Tay blickt auf eine in Großbritannien einzigartige Geschichte riesiger Fische zurück (nur übertroffen vom Wye in den 30er Jahren). Hier war es auch, wo am 7. Oktober 1922 Miss Georgina Ballantine, die Tochter eines Guide, unseren Rekordlachs landete. Sie erlegte ihn nach einem zweistündigen Kampf am Boat Pool am Glendelvine Water. Sie erzählte gerne, wie er im Fenster des Anglerladens Malloch in Perth ausgestellt wurde und überhörte geflissentlich den Kommentar eines Einheimischen: „Noch nie hat eine Frau einen solchen Fisch gefangen!" Ebenso faszinierend ist die Mär von jenem Fisch, den G.F. Browne, der Bischof von Bristol, 1868 am Zusammenfluss mit dem Earn verlor. Nach zehn Stunden zerbrach die Rute: „Jimmy ruderte wortlos nach Hause, weder er noch der Fischer sind je darüber hinwegkommen." Es heißt, dass später stromab ein Fisch mit der bischöflichen Minnow im Maul ins Netz ging, der einundsiebzig Pfund wog.

UNTEN: *Crystal Ally's Shrimp.*

UNTEN: *Ein Tropfen edlen Whiskys tröstet über erfolgloses Fischen am Dee hinweg.*

Im Sommer komme ich nicht sehr oft zum Fischen, weil wir die Zeit auf den Äußeren Hebriden mit unseren Kindern verbringen, die in Felslöchern stöbern oder Stichlinge mit Schmetterlingsnetzen verfolgen. In meiner eigenen Kindheit hatte ich aber zwei wunderbare Lehrer, damals waren die Sommer vom Lachsfischen in Sutherland erfüllt.

Mein Onkel war ein Pfeife rauchender Sportsmann, der vom Fliegen im offenen Cockpit während des Krieges praktisch stocktaub war. Durch sein Grundstück in der Nähe der Ostküste lief der Fleet, einer dieser bescheidenen, ungepflegten Hochwasser-Flüsse, von denen es in den Highlands so viele gibt, mit einer Reihe von miniaturhaft kleinen Pools, die man ab Juli ein paar Stunden nach Hochwasser gut befischen konnte, wobei man in diesem Revier insgesamt etwa ein Dutzend Lachse pro Saison an Land zog. Hier fing ich im Alter von zwölf Jahren, nachdem ich zwei Sommer lang unermüdlich geübt hatte, meinen ersten Lachs, einen etwas müden Grils. Mit von der Partie war auch mein zweiter Mentor, Mr. George Murray, der persönliche Guide meines Onkels.

Die schottischen *gillies* sind wie die meisten Guides ein eigener Menschenschlag: Manche sind wahre Zauberer, andere nicht besser als Köcherfliegen, die es auf deinen Scotch abgesehen haben. Mr. Murray, wie ich ihn zu nennen pflegte, war für mich der Inbegriff eines echten Highlanders, sein Pokergesicht verriet sowohl sein sonniges Gemüt als auch seinen makabren Humor. Als Teenager war ich sein Zauberlehrling, er brachte mir vieles bei, etwa dass ein Lachs auch nur ein Fisch war oder dass eine große Fliege in Niedrigwasser sehr fängig sein kann. In erster Linie zeigte er mir durch sein Beispiel, dass man die Zeit am Wasser immer

GEGENÜBER: *Blick flussabwärts in Richtung Rock Pool am Oykel.*

genießen sollte, egal, wie das Fischen läuft. Dies erscheint selbstverständlich, doch habe ich seither viele Angler getroffen, die vergessen haben, dass es auch Spaß machen sollte. Durch die Stunden, die ich mit dem stillen Mann verbrachte, begann ich das Paradoxon des Fischens zu verstehen, nämlich wie man gleichzeitig die Illusion der Schatzsuche bewahrt und mögliche Enttäuschungen akzeptiert.

Mit Ausnahme der Sonntage – am Sabbat ist Lachsfischen natürlich verboten – nahm mich mein Onkel jeden zweiten Tag an den nahegelegenen Shin mit, einen kurzen Fluss, der neben anderen feinen Gewässern, wie Carron, Cassley und Oykel, in den Kyle in Sutherland mündet. Wie diese ist er ein herausfordernder Fluss mit gewaltigen Felsschluchten und kastanienbraunen Wasserläufen, wie etwa dem berühmten Falls Pool, an dem die spektakulärsten Lachssprünge zu sehen sind. Um an die Fische im Shin heranzukommen, musste man die Fliege oft mit einer langen Rute über einen schäumenden Strudel halten (der Collie-Dog-Streamer gilt als besonderer Favorit), wobei man sich mit der anderen Hand an einen Felsen klammerte. Die Lachse waren für Sommerfische groß, und wenn man einen angehakt hatte, gingen die Schwierigkeiten erst los. Keine Form des Fliegenfischens hätte einen fanatischen Teenager mehr faszinieren können, und während all der verklemmten Jahre, in denen die Erwachsenen Bahnhof verstanden und die Hormonschwankungen meine Sicht vernebelten, blieb mir zumindest immer die Hoffnung auf diesen Fluss und seine brausenden Schluchten.

Als ich eines Abends eine Fliege im Rocky Cast treiben ließ, blitzte eine graue Flanke auf, und meine kleine Stoat verschwand von der Oberfläche wie ein gelöschter Tippfehler. Die Hardy Perfect krächzte, als der Fisch uns den Fir Dam hinunter führte, wo sich das Universum öffnete und einen riesigen Lachs in die Luft spie. Die Sonne war bei unserer Ankunft an jenem Ort, der Paradise genannt wurde, bereits untergegangen. Mr. Murray entfernte den Champagnerkorken von seiner Gaffspitze und beugte sich vor, ein Wirbel entstand am Rande des Wassers, und er hatte meine Trophäe am Haken. Es war ein einundzwanzig Pfund schweres Männchen mit einem Unterkiefer wie ein Boxer. Nie habe ich den Anblick vergessen, wie er sich auf dem Metall wand. Sein großes Auge schien mich anzustarren, als er im Zwielicht hochgezogen wurde, ein dunkles Gurgeln kam aus seinem Schlund. Ich war damals fünfzehn Jahre alt.

Das Goldene Zeitalter ist für immer vorbei, in der Literatur des vergangenen Jahrhunderts wird geklagt, dass das Fischen nicht mehr ist, was es war (beispielsweise in den *Angling Sketches* des großen Märchensammlers Andrew Lang, 1891). Nur wenige

OBEN: *George Ross führt den Kescher unter einen frisch aufgestiegenen Frühlingslachs.*

würden leugnen, dass sich das Lachsfischen in Schottland heute in einer Krise befindet. Außer durch die Hochseenetze sind die Fischbestände durch lizensierte Treibnetze vor der Nordostküste Englands, eine ungewöhnlich große Seehundpopulation und nun auch durch die Fischzucht in den Flussmündungen bedroht.

Inzwischen scheint das Catch-and-Release zum Erstaunen vieler Angler aus Nordamerika, die es jahrelang ausübten, die britische Gamefish-Gemeinde zu spalten, obwohl Millionen von Anglern nie Probleme damit hatten. Alte Gewohnheiten sind nur schwer abzulegen, doch bleibt zu hoffen, dass die Lachse nicht erst vollständig aussterben müssen, bevor ein Sinneswandel eintritt.

Die Tradition des Lachsfischens ist in Schottland so groß, dass sich mir, wenn ich in gewissen Gewässern wate, die Vergangenheit aufdrängt. Am Dee könnte Wood gestanden haben, am Spey Ashley-Cooper, oder andere anonyme Vorgänger, die hier das Wasser beobachteten, das hinter demselben Felsen aufschäumte. Diese Empfindung war am stärksten während meines Herbstbesuches an einem sagenumwobenen Revier am Middle Tweed. Zwanzig Jahre hindurch hatte ich das Privileg, diesen Fluss in einer der besten Wochen zu befischen. Meine Geschichtsbetrachtungen wurden hier inspiriert, denn dies waren die Pools, an denen William Scrope oft auswarf, während er an *Days and Nights of Salmon Fishing* (1843) arbeitete, einem der wenigen ursprünglichen Klassiker zum Thema. Jedes Jahr folgte ich wie der Page von König Wenzel seinen Spuren während ich an seine Warnung dachte: „Gehe nie tiefer in das Wasser als bis zum fünften Knopf deiner Weste und höre auf zu waten, wenn die Beine schwarz werden." Scrope wohnte in Melrose und war ein enger Freund von Sir Walter Scott, des Gutsherrn von Abbotsford, dessen Romane (wie etwa *Waverley* und *Rob Roy*) viel dazu beigetragen haben, dass Schottland ein beliebtes Ziel der Angelsachsen wurde.

Der Herbst mit dem schwelenden Feuer seiner Farben und dem großen Strom, der unter rötlichen Sandsteinklippen lärmt, ist hier seit jeher meine Lieblingssaison. Das Grenzland wirkt trügerisch heiter, denn das Land ist vom Blut römischer Legionäre, Räuber und Plünderer getränkt. In der Nähe ermordeten die Schotten die letzten beiden Pikten, um ihr Rezept für Heidekraut-Ale zu bekommen. In der Ferne erheben sich die Eildon Hills, die auf Befehl von Michael Scot, des Magiers, der in Dantes Fegefeuer schmachtet, vom Teufel in drei Teile gespalten wurden. All dies liegt hier in der Luft, lässt die Hände zittern und das Blut prickeln, wenn mein winziger Köder über die dunklen Pools treibt. Wenn nicht gerade eine der seltenen Dürreperioden ist – in diesem Fall muss ich meine Anglerfreunde mit Picknicks unterhalten – fischt man zu dieser Jahreszeit mit großen, langsamen, tief sinkenden Fliegen, oft im sogenannten Tweed-Stil vom Hintersitz eines Ruderbootes aus. Und auf diese Weise fing ich auch meinen größten Atlantischen Lachs, der achtundzwanzig Pfund wog. Eine Fotografie von uns hängt in der Rogue's Gallery im Ednam House Hotel in Kelso. Meine Freude darüber war so groß, dass ich einmal einen holländischen Übersetzer von Edinburgh bis dorthin führte, nur um das Bild zu zeigen.

OBEN: *Die verlockenden Pools in der Schlucht am oberen Kirkaig erreicht man nur durch mühsame Kletterpartien.*

In dem malerischen Marktstädtchen Kelso liegt ein weiterer angelnder Autor begraben – Thomas Tod Stoddart, der zu seiner Zeit (er starb 1880) angeblich mehr schottische Gewässer befischte als sonst jemand. Seine sich über fünfzig Jahre erstreckenden Tagebücher erwähnen 67 419 Fische, darunter 928 Lachse. Er war ausgebildeter Jurist, fand aber nie Zeit, den Beruf auszuüben. In späteren Jahren wurde er von einem Freund gefragt, was er nun mache: „Was soll ich schon machen?", antwortete er. „Ich bin Angler."

Nicht jeder Herbst ist eine „Goldgrube", manchen Anglern wird es nicht besser ergehen als mir vor nicht allzu langer Zeit mit meinem Bootsmann John. Es ließen sich kaum Fische sehen, der Fluss war seicht und hatte die Farbe von bitterem Ale, unsere Laune war am Tiefpunkt angelangt. Er führte mich um die Teezeit zum Braes Pool, wo fast sofort ein Fisch an der Fliege zupfte, wobei es aber blieb. Wir wechselten die Röhrchenfliege, die neue muss mehr Anklang gefunden haben, denn einige Würfe später verspürte ich ein ordentliches Ziehen, die Schnurschlaufe glitt durch meine Finger, und ich konnte den Anhieb setzen. Der Fisch schlug plötzlich auf die Oberfläche, was selten ein Anzeichen dafür ist, dass der Haken gut sitzt, er zeigte seinen metallfarbenen Rumpf und annehmbare Proportionen. Ich begann ihn so schwungvoll zu drillen, als hätte ich noch nie einen Lachs an der Schnur gehabt. Nach zehn langen Minuten gebot mir John Einhalt: „Das war großartig, Sir." Er hob den Eisenring seines massiven Landenetzes, und wir hatten einen achtzehn Pfund schweren Milchner im Netz – der einzige Fang der Woche. „Nicht schlecht für zwei Amateure", grinste John, der seit seiner Kindheit an den Flüssen arbeitet. Arm in Arm gingen wir zum Cottage zurück, um einen Drink zu nehmen.

Anglergeschichten sollten einen Anfang, einen Mittelteil und ein Ende haben, wenngleich nicht unbedingt in dieser Reihenfolge. Im vergangenen Jahr brachte ich meine Frau nach Deeside, um noch einmal das Schloss Braemar, das nun ein Museum ist, zu besichtigen. Die steinerne Stiege und die Rapunzel-Türme wirkten viel kleiner als zu meiner Knabenzeit, doch rechts neben der Eingangstür gab es einen Souvenirladen, der mir aus meiner Kindheit irgendwie bekannt vorkam. Die Verkäuferin bestätigte, dass früher hier das Badezimmer war, auch das alte Marmorbecken war noch zu sehen. Vor vierzig Jahren hatte darin ein Knabe einen Aal aufbewahrt.

Als Angler denke ich manchmal, dass ich auf der Suche nach etwas Verlorenem bin, für das der Fisch vielleicht nur ein Symbol ist.

OBEN: *Die teefarbenen Gewässer des Kirkaig fließen vom schottischen Hochland ins Meer.*

LINKS: *Ein einsamer Angler bewundert die Schönheit des oberen Dee-Tales, während er sich auf das Auswerfen vorbereitet.*

SCHOTTLAND: INFO

WISSENSWERTES

Wenn die Kalkflüsse Englands die Wiege der modernen Forellenfischerei sind, dann ist Schottland zweifellos der Ort, an dem die meisten Standard-Techniken des Fliegenfischens auf Atlantischen Lachs entwickelt wurden. Schottland gilt auf Grund der enormen Vielfalt seiner Flüsse, von kleinen Hochwasserflüssen im Hochland, wie Kirkaig oder Inver, bis hin zu riesigen Fluss-Systemen, wie dem Tay oder dem Tweed, seit langem als eine der weltbesten Gegenden für das Fischen auf Atlantischen Lachs.

Obwohl die Anzahl der zurückkehrenden Fische in den letzten Jahrzehnten besorgniserregend abnahm, bleibt Schottland für viele Angler der Inbegriff des Fischens auf Atlantischen Lachs. Es gibt kaum schönere Momente im Leben eines Fischers als einen guten Fang mit einem freundlichen Guide bei einem Glas Whisky zu feiern, während man Schottische Moorhühner von den mit Heidekraut bewachsenen Hügeln am Rande des Flusses rufen hört.

REISEZEIT

Die genauen Bestimmungen variieren je nach Revier, generell beginnt die Saison Mitte Januar und dauert bis Ende November. Die zurückkehrenden Lachse und Grilse treffen zu unterschiedlichen Zeiten ein. Traditionell sind die Frühlingsfische die ultimative Herausforderung. Diese Fische, ausgereifte Lachse, die eine hohe Durchschnittsgröße aufweisen, wandern von Januar bis Juni. Das „Frühlingsfischen" scheint jedoch von den Rückgängen in Schottland betroffen zu sein, weshalb heute die Sommerwanderung der Lachse und Grilse verlässlicher ist. An manchen größeren Flüssen ist die Herbstwanderung der reifen Lachse der Höhepunkt der Saison, bei gutem Wasserstand ist das Fischen bis in die letzten Tage der Saison ergiebig.

An vielen Flüssen Schottlands ist die Herbstwanderung der großen Fische beliebter, vermutlich auch kostspieliger und frequentierter, als das Frühlingsfischen. Eine rechtzeitige Reservierung ist zu empfehlen, wenn Sie nur in dieser Zeit fischen wollen.

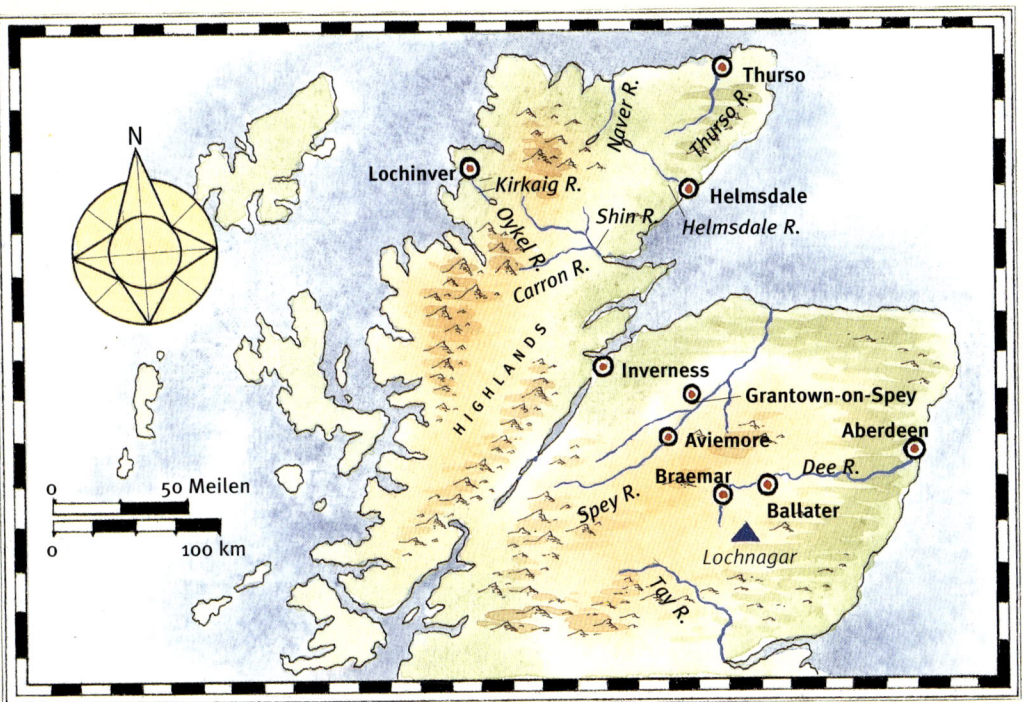

ANGELGERÄT

RUTEN: An kleineren Flüssen einhändige, 2,7–3,2 Meter lange Ruten für Schnüre der Klasse 7–9. An großen Flüssen zweihändige, 3,8–4,5 Meter lange Ruten für Schüre der Klasse 9–11.

ROLLEN: Große Direct-drive-Rollen mit oder ohne Bremssystem.

SCHNÜRE: Schwimm-, Sinktip-, Intermediate- und Sinkschnüre.

VORFÄCHER: Im Sommer leichtere Vorfächer mit 3,6–5,4 Kilogramm Tragkraft, im Frühling oder im Herbst 6,8–9 Kilogramm.

FLIEGEN: Erkundigen Sie sich vor Ort oder bei Ihrem Guide nach den Favoriten für die einzelnen Flüsse. Ihre Fliegenbox sollte kleine, zwei- und einhakige Fliegen für den Sommer, Waddingtons und Röhrchenfliegen für Frühling/Herbst enthalten. Geeignete Muster: Blue Charm, Black Ranger, Ally's Shrimp, Torrish, Dusty Miller, Munroe Killer, Silver Doctor und Green Highlander.

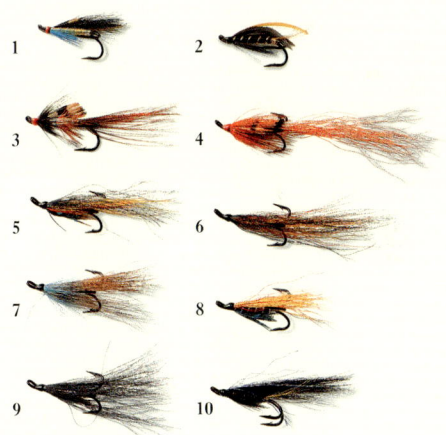

FLIEGEN: 1 *Arndilly Fancy* 2 *Sweep* 3 *Stewart Shrimp* 4 *Ally's Shrimp* 5 *Munroe Killer* 6 *Willie Gunn* 7 *Hairy Mary* 8 *Garry Dog* 9 *Silver Stoat* 10 *Crystal Sweep*

GEGENÜBER: *Eines Abends sah ich unterhalb des Zusammenflusses von Tweed und Teviot einen Angler, dessen Rute sich unter dem Gewicht eines prächtigen Fisches beugte. Ich kam gerade rechtzeitig zum Ufer, um dieses Bild zu schießen.*

Grimsá-Tagebuch

Island

Nick Lyons

"Täglich lernen wir dazu. Die Lachse reagieren anders, sie beißen nun an der glatten Wasserfläche am unteren Ende des Pools. Man lernt das langsame und beständige Crossfield-Einholen, das sich für Gewässer eignet, deren Strömung zum Beleben der Fliege zu schwach ist, oder wie man ein horizontales Vibrieren der Rute bewerkstelligt, um einen Anbiss zu provozieren. Man verbessert seine Wurftechnik und lernt die Vorteile zielgenauen Werfens kennen; die Fische lohnen es durch wachsendes Interesse."

OBEN: *Die Wasserfälle an der Mündung des Laxá I Adaldal. Hier sieht man häufig Lachse, die über die Stromschnellen springen.*

SONNTAG NACHT: Lachse, wohin man sieht: Lachse, die mit erstaunlicher Kraft über die Wasserfälle hinter der Lodge springen. Lachse und Lachsflüsse in aller Munde, geräucherter und pochierter Lachs bei Tisch, an den Wänden Fotografien von Männern mit Trophäen, Lachsstatistiken im Logbuch mit genauer Angabe von Pool, Fliege und Größe. Sogar in meinen Träumen tauchen die Lachse auf.

Beim Abendessen, das um 23.00 Uhr, nach dem ersten abendlichen Fischen stattfand, erzählte fast jeder von seinen Fängen. Schwiebert hatte bereits nach zehn Minuten in einem der unteren Pools einen silberhellen Sechspfünder am Haken gehabt. Dick Talleur brüstete sich, keine „Jungfrau" mehr zu sein, er hatte seinen ersten Fisch gefangen, ein zweiter war abgekommen. Joe Rosch, der noch nie auf Lachse gefischt hatte, brachte zwei Exemplare zurück, von denen eines mehr als zwölf Pfund wog. Er erzählte, dass seine Hände und Knie gezittert hatten, als der große Fisch endlich im Netz war, und er erzählte, dass er vor Aufregung in den Fluss gefallen war.

Die Grimsá führt nicht viel Wasser, doch gibt es hier Lachse in Hülle und Fülle. Bevor wir an diesem Nachmittag fischen gingen, wanderte ich wiederholt zu den Wasserfällen, wo kleine, bis zu fünfzehn Pfund schwere Lachse triumphierend und frohlockend über das weiß herabschäumende Wasser sprangen. Im wirbelnden Schaum unterhalb der Wasserfälle sah man eine Schwanzflosse oder einen Rücken schwarz aus dem weißen Schaum schnellen. Wie silberhell und kraftvoll diese Fische sind! Ein Vierpfünder verfehlte die Wasserfälle und sprang klatschend in nasse Lava. Auch ich mache allerlei verrückte Sachen, wenn ich auf Brautschau bin.

Ich hatte noch nie auf Lachse gefischt, doch hatte mich das Lachsfieber bereits erfasst. Womöglich ging mir keiner ins Netz? An jenem Abend war ich bestürzt. Wurf nach Wurf mit meiner drei Meter langen Rute und einer zweihakigen Blue Charm, stromab und quer, ein halber Schritt vor, ein weiterer Wurf stromab und quer. Nichts. Absolut nichts. Das Schlimmste daran war, dass alle paar Minuten Fische sprangen, deutlich sichtbar in die Luft wirbelten und zurückfielen. Große Fische,

UNTEN: *Doug Larsen, der an einem Morgen, an dem der Fluss voller Fische war, in den Pool von Revier 1 watet.*

UNTEN: *Blue Charm.*

RECHTS: *Vom Boot aus wird den widerspenstigen Lachsen eine Laxá Blue oder eine Hairy Mary präsentiert.*

RECHTS: *Ein ruhiger und heißer Sommertag eignet sich zum Fotografieren, aber nicht für das Fischen.*

größere, als ich je in einem Fluss gesehen habe. Schnittige, silbrig glänzende, entschlossene Fische. Kein einziges Zupfen an meiner Rute.

Nach einer Weile, nachdem ich mich langsam flussabwärts über den mit Lavagestein bedeckten Boden vorgearbeitet und das kristallklare Wasser beobachtet hatte, das bis auf die Lachse kein Leben zu enthalten schien, stellte sich die Befürchtung ein, dass ich nie einen dieser Fische fangen würde. Unlogisch, sicherlich. Ich hatte aber nicht die geringste Ahnung, wie ich diese mysteriösen Fische anlocken sollte. Sogar die Fliegen hatten seltsame Namen: Blue Charme, Black Fairy, Thunder and Lightning, Hairy Mary, Green Butt, Silver Rat. Hakengröße sechs bis zehn, Doppelhaken. Welche sollte ich verwenden?

Und doch, was hatten wir für einen Spaß. Samstag um neun Uhr morgens fuhren wir nach Reykjavík und spazierten durch die ruhige Stadt (bis auf Talleur, der für den Montreal-Marathon trainierte und etwa zehn Meilen joggte). Die auf Grund des geringen Baumbestandes zum Großteil aus Beton erbaute Stadt ist malerisch und charmant. Wollwaren, Silberarbeiten und Keramiken sind die wichtigsten Handelsgüter. Wir speisten im Naust, das Ernest zufolge das feinste Restaurant Islands sei. Es erscheint wie ein altes Segelboot mit Bullaugen, Namenstafeln alter Schiffe an jedem Tisch. Wir bestellten „Graflax", mit Kräutern marinierten Lachs, der in der Erde vergraben und mit Senf und einer Sauce aus Rohzucker serviert wird, die anderen wählten danach zarte, gegrillte Hummerschwänzchen, eine isländische Spezialität. Ich entschied mich für englisches Rindfleisch. Wir tranken reichlich Wein, zum Nachtisch gab es Eiscreme und Brandy. Ernest erzählte uns über die früheren Hexenjagden in Island, die eingestellt wurden, als jemand mahnte: „Freunde,

ihr bringt die interessantesten Mädchen der Stadt um." Dan Callaghan erzählte von einem Jungen, der ein paar Steinfliegen verzehrte, mit einem Glas Wein hinunterspülte, das Glas abstellte und sagte: „Der Wein ist nicht in Ordnung." Mit von der Partie waren Talleur, Bob Dodge (mein Partner) und Bob Buckmaster, der ein Fan von Plunket-Greenes *Where the Bright Waters Meet* war. Wer dieses Buch mag, den mag auch ich. Anne und Dick Strain, das Ehepaar Jones und Joe Rosch, die anderen aus unserer Gruppe, speisten anderswo. Wir kamen aus Iowa und Albany, New York City, North Carolina und Oregon und waren alle auf der Suche nach diesen silberhellen Fischen aus dem Meer, über die ich so gut wie gar nichts wusste.

Die zweistündige Busfahrt von Reykjavík zur Grimsá-Lodge heute Morgen führte am Hvalfjord vorbei, der während des Krieges als Flottenstützpunkt der Amerikaner gedient hatte, durch die isländische Landschaft, die öde, baumlos und von merkwürdiger Schönheit ist.

Es ist 11.30 Uhr und wir haben uns in der von Schwiebert erbauten, gut ausgestatteten Hütte einquartiert. Noch immer ist der Himmel hell, ich fühle mich erschöpft, gleichzeitig überreizt und angespannt. Ich kenne diese Intensität. Erst wenn man ein, zwei Fische gefangen hat, lässt die Spannung nach. Vielleicht morgen.

MONTAG NACHMITTAG: Am späten Morgen in Revier drei, dem Strengir, meinen ersten Lachs gefangen. Ich hatte seit sieben Uhr eifrig gefischt, immer wieder quer stromab geworfen. Buckmaster hatte mir einen Schnellkurs über das Binden und den Umgang mit dem Portland-Knoten erteilt. Eine interessante Technik. Da die Fliege sichtbar ist, ist das Nehmen spektakulärer als beim konventionellen Fliegenfischen. Ich übte eine Weile, und eine Stunde später sah ich einen Fisch aufblitzen. Ich beherrschte mich, wartete mit dem Anhieb und fühlte ihn an der Schnur ziehen.

Der Fisch verzog sich schmollend auf den Grund. Er ließ sich nicht vom Fleck bewegen. Dann schwamm er ein Stück stromauf, hinein in den nächsten Pool. Zehn Minuten später hatte ihn Gumi, unser Guide, im Kescher. Ich war aufgeregt über meinen ersten Lachs, einen Siebenpfünder, war jedoch, abgesehen von der Stärke des Fisches, enttäuscht vom Kampf. Er war nicht gesprungen, hatte meine Backing nicht abgezogen. „Er war zu lange im Fluss", meinte Buckmaster beim Mittagessen. „Wie du weißt, fressen sie nichts und verlieren täglich Kraft." Diese Diät faszinierte mich. Ich wünschte, auch ich könnte lernen, wie man drei Monate auf das Essen verzichtet. Doch das Essen in der Hütte – die schweren Platten bogen sich unter Lamm, Heilbutt, Lachs, Kartoffeln und unwiderstehlichen Desserts – war einfach zu gut.

Bald danach fing ich einen weiteren, etwa vier Pfund schweren Fisch, dann biss ein silberheller Fisch, der frisch vom Meer kam, an. Er zischte ab wie eine Rakete, sprang hoch in die Luft, doch nach kurzem Kampf zog ich ihn an Land. Ein erfolgreicher Morgen. Die Anspannung ließ nach.

Am Nachmittag mit Buckmaster gefischt. Ein amüsanter Begleiter, er hat ein großes Wissen über Lachse und kennt unzählige Geschichten. Wir waren an einem schwicrigen Pool, der zu Recht „Schreckenspool" genannt wird. Bob verwendete relativ große, selbstgebundene Fliegen namens Iowa Squirrel Tail mit Portland-Knoten. Er warf weit aus und setzte die Fliege auf der glatten Wasserfläche vor den Wasserfällen auf. Nichts. Dann ging er mit Topy, seinem Guide, stromaufwärts. Mit Unterstützung der beiden fing ich eine kleine Meerforelle. Bob ging zum „Schreckenspool" zurück, wo er sich eine Stunde vergeblich abmühte. Trotzdem hatten wir viel Spaß miteinander. „Fischen ist eben mehr als nur zu fischen."

„Du suchst einen Lachs, den die Sehnsucht treibt", meinte Schwiebert ätzend. Ich habe mein Bestes getan. Ich weiß nicht einmal mehr, welcher Wochentag ist. Meine rechte Hand erstarrt in Wurfposition, nachts fühle ich die Grimsá gegen mich

UNTEN: *Mike Fitzgerald wirft weit aus über das spiegelnde Wasser des Laxá I Adaldal.*

anrollen, in mir wiederholt sich das rhythmische, endlose Muster: Wurf quer stromab, ein halber Schritt vor, ein weiterer Wurf, das Aufsetzen der Fliege beobachten. Ich habe bei wiederholten Versuchen nichts gefangen, und der Wind ist rau und ungestüm geworden. Meine Wurfhand ist von Sonne und Wind fleckig und angeschwollen, ein irrer Blick ist in meine Augen getreten.

Dick fing im letzten der fünf Wasserläufe am Strengir zwei passable Fische; erschöpft vom Auswurf mit meiner schweren Rute gegen den Wind lieh ich sie ihm, woraufhin er prompt seinen dritten Lachs fing. Ich mühte mich eine weitere Stunde vergeblich ab. Dann kam Sven, ihr Guide, vorbei, ich lieh auch ihm meine Rute, woraufhin auch er prompt einen prächtigen Lachs anhakte. Sie nannten sie die Glücksrute. Ich frage mich, ob meine ersten drei Lachse nicht nur Glückstreffer waren. Werde ich je wieder einen fangen?

Wer intensiv fischt, wächst über sich hinaus. Ernest meinte beim Mittagessen, dass das Lachsfischen uns alle manisch-depressiv machte. Ich bin in der depressiven Phase. Der Grund wird doch nicht sein, dass Bob Dodge heute Morgen zwei schöne, silbrige Fische fing, während ich leer ausging? Hoffentlich nicht. Ich genoss es doch, ihn zu beobachten, wie er fast eine halbe Stunde mit dem Fisch kämpfte, bevor er ihn ins Netz zog. Er war etwa neun Pfund schwer und ungeheuer kräftig, als er ihn schließlich besiegt hatte, zitterten seine Hände. Wir knipsten ein Dutzend Fotos, wie er vor dem Hintergrund der Wasserfälle und der Hütte den Fisch am Schwanzstiel hielt. „Auch wenn ich die Woche keinen mehr fange, bin ich zufrieden", sagte er. An diesem Nachmittag bin ich bedrückt, ich zweifele nach wie vor, ob ich je wieder einen Lachs fangen würde.

Weiterhin heftiger Wind und Kälte, aber kein Regen. Ich habe einen Sieben-Pfünder gefangen, als Einziger der Gruppe. Ist heute Dienstag?

Morgens nach dem Aufstehen frühstücken wir in kleinen Gruppen. Ich sitze dem Fenster gegenüber, von wo aus ich das Wasser und die Wasserfälle beobachten kann. Mittlerweile sieht man weniger Lachse springen. Wir warten auf Regen.

Unser Angelgerät entspricht der Ausrüstung, die man für große Forellen benötigt: eine Rute für eine Schnur der Klasse 8, Backing mit acht Kilogramm Tragkraft (die keiner bis jetzt gebraucht hat), und ein schweres Vorfach mit fünf Kilogramm und

RECHTS: *Die stille, friedvolle Stimmung des bezaubernden Laxá I Adaldal bleibt einem für immer im Gedächtnis.*

mehr Tragkraft. Als die besten Fliegen erwiesen sich Blue Charm, Rusty Rat, Collie Dog und Black Tube, alle auf Doppelhaken, in den kleineren Größen.

Man lernt auf Standplätze, nicht auf Steigzeichen zu fischen. Im Laufe der Woche taucht die Schnur immer wieder in meinen Träumen auf. Wir fischen bis zehn Uhr abends, unterhalten uns noch ein paar Stunden, stehen früh auf und sind stundenlang auf den Beinen, bis alle müde sind. Joe lässt mittlerweile das Abendessen aus. Manche von uns haben einen Teil des Morgenfischens ausgelassen, andere legen eine Rast ein, wenn sie am „Schreckenspool" an der Reihe sind. Talleur „pausierte", indem er gestern fünfundzwanzig Kilometer joggte.

Morgens um 7.00 Uhr und dann wieder um 16.00 Uhr warten die Guides vor dem Haus. Die meisten sprechen passabel Englisch. Von uns spricht nur Ernest ein wenig Isländisch, das wie mir jemand sagte keine Sprache, sondern eine Erkrankung des Rachens ist.

Täglich lernen wir dazu. Die Lachse reagieren anders, sie beißen nun an der glatten Wasserfläche am unteren Ende des Pools. Man lernt das langsame und beständige Crossfield-Einholen, das sich für Gewässer eignet, deren Strömung zum Beleben der Fliege zu schwach ist, oder wie man ein horizontales Vibrieren der Rute bewerkstelligt, um einen Anbiss zu provozieren. Man verbessert seine Wurftechnik und lernt die Vorteile zielgenauen Werfens kennen; die Fische lohnen es durch wachsendes Interesse. Wenn die Lachse sich wälzen oder springen, denkt man unwillkürlich an Trockenfliegen, doch funktionieren sie hier nicht. Man lernt bei der steifen Brise, das Vorfach auf zwei Meter, sieben Kilogramm Tragkraft, zu reduzieren, den Fisch kümmert das keinen Deut. Wenn ein Lachs angehakt ist, hat man einen großwüchsigen Meeresfisch am Haken, und man erinnert sich an die Worte von Earl West, der meinte, dass man diese Fische hart drillen und ihnen dann eine Pause von einer halben Minute gönnen sollte – auf diese Weise hätte man wieder einen frischen Lachs am Haken. Du verstärkst also den Druck und staunst, dass keiner der fünf, oder sind es schon sechs Fische, die bereits bissen, verloren ging.

Nun, da du den Fluss mit jedem Tag besser kennenlernst, wird die Vorfreude auf den Revierwechsel immer größer. Du kennst die Stellen nun besser, und dein Selbstvertrauen wächst. Heute Morgen ist Revier fünf an der Reihe, das äußerst gut zu befischen ist.

Joe wirkt verstört heute Abend. Er hat einen riesengroßen Lachs verloren. Er hatte gesehen, wie sich der Fisch über die Wasserfälle in Revier drei wälzte, eine kleine Blue Charm angeknüpft, leicht stromauf geworfen, zwei Mal die Schnur einen Bogen gegen die Strömung machen lassen, und beobachtet, wie der große Fisch

LINKS: *Am Nupafossbrun oder Brücken-Pool in Revier 7 ist das Landen eines Fisches nicht einfach – fragen Sie nur Art Lee.*

UNTEN: *Ein Angler, der am Boot-Pool in Revier 3 am Laxá I Adaldal, einen Lachs von Hand zu landen versucht.*

entschlossen die Fliege nahm. Der Lachs sprang, schoss flussaufwärts, verkroch sich im Pool, nach zehn Minuten sprang er erneut und stürmte auf die Wasserfälle zu. Joe versuchte ihn zur Umkehr zu bewegen, dabei kam die Fliege frei. Nun glaubt er, dass er den Fisch über die Wasserfälle hätte lassen sollen. Nachdem er sich die Strecke angesehen hat, glaubt er, dass er ihm hätte folgen können. Der Guide meinte, dass der Fisch zwanzig Pfund gewogen haben muss.

Da ich morgen in diesem Revier fischen werde, bat ich Joe mir die Stelle aufzuzeichnen. Noch immer kein Regen.

Interessanter Nachmittag mit Bob Dodge. Wir befischten eine lange, flache Strecke, die die anderen „den See" nannten. An die sechzig Lachse standen da oben und warteten auf höheren Wasserstand. Dan Callaghan und Perry Jones fingen dort schöne Exemplare. Bob watete durch den Fluss, tastete sich zum Rand der Klippe vor und gab mir Anweisungen. Doch trotz mehrmaliger Versuche konnte ich keinen der Lachse dazu bringen, sich vom Fleck zu rühren.

Später gingen wir flussaufwärts, jeder von uns holte einen anständigen Fisch aus dem bewegten Wasser. Allmählich wissen wir mehr über den Fluss und das Lachsfischen, und unsere Zuversicht wächst, dass jeder, der eine Fliegenrute handhaben kann, auch Fische fängt. Island ist nicht der Mond, und das Lachsfischen nicht die Astrophysik.

Hell blitzte ein silbriger Bogen auf. Die Fliege tauchte aus der wirbelnden Strömung auf. Aus der Schwärze in Felsnähe sprang der Fisch mit gekrümmten Rücken ins weiß schäumende Wasser. Hoch aus dem Wasser, nieder auf die Fliege, die in Bewegung kam. Ich warte ab. Jetzt! Ich setzte den Anhieb, fühlte das Pulsieren des Fisches, der stromab zu den Stromschnellen flüchtete. Zwölf, fünfzehn Meter Schnur. Achtzehn. Die Backing glitt durch meine Finger.

Dann blieb er stehen, schüttelte den Kopf, machte einen neuen Anlauf, sprang aus dem Wasser, schüttelte sich und platschte zurück.

Fünfzehn Minuten später hatte ich ihn bis zu meiner Seite des Flusses geführt. Als ich aufsah, bemerkte ich etwa ein Dutzend Autos auf der Brücke, deren Insassen mich beobachteten. Der Lachs sprang erneut drei Meter vor mir aus dem Wasser. Zehn Minuten später ließ er sich ins seichte Wasser führen. Der silberhelle Fisch wog zehn Pfund. Als ich die Fliege löste, riss er aus. Heute ist Donnerstag.

FREITAG NACHT: Heute habe ich meinen ersten Lachs am Schwanz hochgehalten, einen Neunpfünder aus Revier fünf. Dick Talleur war dabei und zog seine Kamera aus der Tasche.

„Nein!", rief ich ihm zu und verbarg mein Gesicht. „Ich bin berühmt dafür, keine Fische zu fangen."

„Nach all deinen familiären Problemen hast du dir diesen Fisch redlich verdient, Nicky", meinte er.

„Mein Ruf ..."

„Ich habe nicht vor, dich zu erpressen", antwortete er und fotografierte mich.

Ich hob den Lachs hoch und lächelte auch noch, nachdem Dick die Kamera schon längst eingepackt hatte.

Etwas später hatte ich stromaufwärts vier gute Nehmer, ohne jedoch einen Fang zu machen. Buckmaster fragte, ob ich den Anhieb zu rasch setze. „Nein", antwortete ich, nachdem ich meine Fliege geprüft und entdeckt hatte, dass beide Spitzen der doppelhakigen Fliege beschädigt waren. „Ich bin viel zu leicht zu durchschauen."

Die Landschaft hier ist von seltsamer Schönheit: Wiesen in wechselnden Grüntönen mit weißen Tupfen, braune Islandponys trinken am Fluss, überall graue Lavastreifen, schneebedeckte Berge, die riesige Weite erinnert an Montana, eine kleine lutherische Kirche mit rotem Dach am Hügel, saubere Bauernhäuser, Schafe, Stellen, von denen man ein Tal mit vier, fünf silbern im Sonnenlicht blitzenden Wasserfällen sieht, lachsfarbene Sonnenuntergänge und das Licht, das immer da ist, selbst spät nachts, und die Tage länger und erfüllter macht.

SONNTAG MORGEN: Ich bin erschöpft. In einer Stunde fahren wir zum Flugzeug.

Letzte Nacht fragten mich Talleur und Buckmaster, ob ich sie zum Tanz in den Ort begleiten wollte. Bob wollte die Einheimischen kennenlernen. Alles was ich über Island wusste, waren Snorri Sturluson und die *Egils saga*, die ich in der Schule gelesen hatte, und dass das Land 222 000 Einwohner, eine galoppierende Inflation, großartige Pullover und ausgezeichnete Lachsflüsse hatte. Wir fuhren um ein Uhr nachts in einem Landrover voller junger Guides, dem Koch und ein paar hübschen Mädchen, die in der Lodge arbeiteten, los. Bleibende Eindrücke: die überfüllte Tanzhalle und der über fünfundsechzig Jahre alte Bob Buckmaster, der einen überzeugenden Hustle oder Diskofox hinlegte. Flimmernde Lichter, isländischer Rock, lebenshungrige Gesichter; Talleur, der alle seine guten Trainingsvorsätze über den Haufen warf, die Rückfahrt um fünf Uhr morgens, in der Morgendämmerung. Wir tranken bitteren Brennivin (der hier aus gutem Grund der „schwarze Tod" genannt wird), beobachteten die warmen Geysire und die Lachsflüsse, die im ersten Licht aufblitzten, und sangen aus voller Brust „When the Saints Come Marching In".

OBEN: *Ein erwartungsvoller Angler, der an seinem letzten Abend zum Fluss geht.*

UNTEN: *Sweep.*

Bob Dodge und ich waren um sieben Uhr wach, da wir den ergiebigsten Pool hatten. Ich konnte mich kaum auf den Beinen halten. Doch fing ich in Kürze einen prächtigen Lachs, der mir als schöner Abschluss erschien. „Sammelt eure Schwerter", knurrte ich, „bevor der Morgentau sie rosten lässt". Ich übergab meine Rute Gumi und machte es mir im Auto bequem.

In der Zwischenzeit warf Bob in ein Krautbeet voller Lachse. Er hatte zehn gute Nehmer, ein paar kamen ab, ein paar hakte er an, ein paar verlor er, gefangen hat er schließlich vier Fische. Ein noch besserer Abschluss.

Wir haben gepackt und sind bereit für die Abfahrt. Es war eine unvergessliche Woche. Nur zu kurz. Schwiebert und Callaghan fingen die meisten Fische, jeder über zwanzig Stück, Anne Strain fing einen prächtigen Neunzehnpfünder, der um zehn Uhr biss, der Kampf dauerte bis elf Uhr nachts. Ich hatte genug bekommen.

Wir sprechen davon, hierher zurückzukommen. Jemand sprach von der „Reise seines Lebens".

Aber ist es Talleur wirklich ernst mit seinem Training bei Graflax und Erdnussbutter?

UNTEN: *Die felsigen Riegel der Grimsá sind der Inbegriff des isländischen Lachsfischens, das mit Wind und karger Landschaft verbunden wird.*

ISLAND: INFO

WISSENSWERTES

Island, ein außergewöhnliches Land, wird gern als „Das Land von Eis und Feuer" bezeichnet. In der unwirtlichen und verlassenen Landschaft hat man das Gefühl, als ob die Kräfte, die sie formten, noch am Werk wären. Es gibt auf Island an die hundert Lachsflüsse, die besten befinden sich an der Nord- und der Westküste, einige auch an der Südküste. Fast die Hälfte davon werden als erstklassige Flüsse bewertet, die dem Fliegenfischer eine reiche Beute versprechen.

Viele Flüsse sind in Privatbesitz, die Regierung hat eigene Vorschriften für das Fischen erlassen. So wird beispielsweise die pro Fluss zugelassene Anzahl von Anglern streng kontrolliert. Bei der Analyse von Fangstatistiken sollten Angler immer fragen, an wie vielen „Rutentagen" pro Saison tatsächlich gefischt wird.

Da die Fänge Atlantischen Lachses weltweit einen Rückgang verzeichnen, wächst das Bewusstsein der Isländer für die Notwendigkeit von Maßnahmen zu ihrer Erhaltung. „Catch and release" ist auf Island kein Fremdwort. Bei Betreten des Landes ist man gesetzlich verpflichtet, sein Angelgerät zu desinfizieren, um das Krankheitsrisiko zu verringern. Die Welt der Atlantischen Lachsfischerei hat einem Isländer viel zu verdanken: Orri Vigfussen kämpfte unermüdlich für die Entfernung der Netze auf offener See und an den Küsten.

Der vielleicht faszinierendste Aspekt des Fischens auf Island ist, dass die meisten Flüsse fast die ganze Saison kristallklares Wasser aufweisen. Dies bietet dem Fluganger die einzigartige Möglichkeit, die Reaktion der Fische zu beobachten. Es gibt nichts Faszinierenderes, als zu beobachten, wie der Fisch im klaren Wasser steigt und die Fliege inspiziert, bevor er sie schluckt. Nervöse Anfänger setzen den Anhieb oft zu früh und entziehen dadurch dem Fisch die Fliege.

REISEZEIT

Die Saison auf Island variiert von Fluss zu Fluss, beginnt aber im Allgemeinen Anfang Juni und dauert bis Ende August. In den ersten beiden Wochen erwarten einen auf Grund der Schneeschmelze ein höherer Wasserstand und kühle

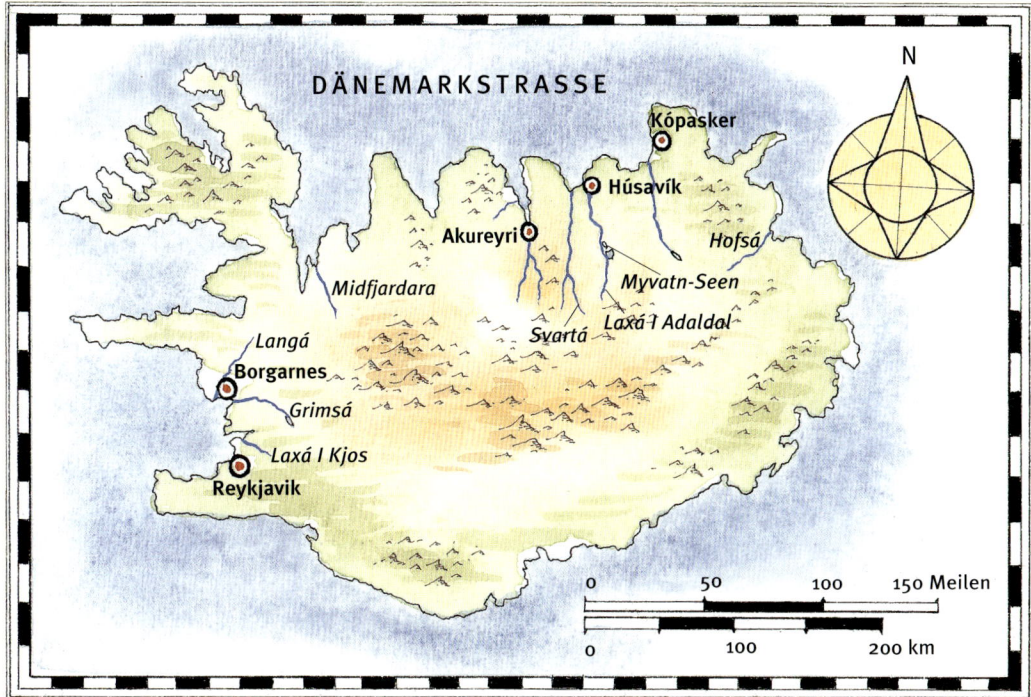

Wassertemperaturen. Die Bedingungen zu Saisonbeginn erfordern schwerere Sinkschnüre und große Fliegen, doch beginnt schon bald danach das Fischen im traditionellen isländischen Stil mit Schwimmschnüren und kleinen Fliegen.

ANGELGERÄT

RUTEN: Einhändige, 2,7 Meter lange Ruten für Schnüre der Klasse 7–9.

ROLLEN: Große Direct-drive-Achsrollen, die 150 Meter Backing plus Fliegenschnur fassen.

SCHNÜRE: Zu Saisonbeginn Sinkschnüre, später vorwiegend Schwimmschnüre.

VORFÄCHER: An den meisten Flüssen empfiehlt sich eine Tragkraft von 3,6–5,4 Kilogramm.

FLIEGEN: Black und Red Francis, kleine Collie Dog-Röhrchenfliegen, Hairy Mary, Blue Charm, Stoat's Tail, Munroe Killer, Red Butt, Green Butt und ein Sortiment Micro-Röhrchenfliegen (0,25–0,5 cm).

FLIEGEN: 1 *Collie Dog* 2 *Curry's Shrimp* 3 *Orange Bucktail Shrimp* 4 *Ally's Shrimp (Röhrchenfliege)* 5 *Green Francis (Röhrchenfliege)* 6 *Sheila* 7 *Sunray Shadow* 8 *Sweep* 9 *Blue Charm* 10 *Red Francis*

GEGENÜBER: *Im feuchten, grünen Gras des Laxá-Tales liegt ein Lachs für das Abendessen.*

Pilgerfahrt zum Ponoi

Russland

Bill Currie

„Die Flüsse des hohen Nordens lassen einen nicht mehr los. Sie ziehen uns auf geheimnisvolle Weise in ihren Bann. Bei der Begegnung mit dem Lachs der wilden Tundra stellt sich ein wunderbares Daseinsgefühl ein. Natürlich kann der Ponoi in seiner Kraft ein sehr harter Gegner sein. Am Ponoi war ich mir manchmal der Heiterkeit der Wildnis stark bewusst. Ich hab mit einem kräftig ziehenden Lachs gekämpft, während Wanderfalken über dem Pool kreisten und schrien. Ich watete zwischen imposanten Felsen unter der Mitternachtssonne und zog Lachse aus dem goldenen Wasser."

Schöne Reisen zum Lachsfischen haben viele Gemeinsamkeiten mit Pilgerfahrten. Mein erster Besuch am Ponoi stellte dies unter Beweis. Es war sicherlich mehr als die Suche nach einem Überangebot an Lachsen. Es war eine Erfahrung, der eine dreißigjährige Wartezeit vorausging. Als ich in den 50er und 60er Jahren in Lappland, im nördlichen Finnland, fischte, wanderten meine Blicke und Gedanken immer wieder Richtung Osten. Von Zeit zu Zeit hörte ich Erzählungen über die Lachsflüsse der Halbinsel Kola. Mit glitzernden Augen erzählten die Reisenden: „Da drüben liegt das fischreiche östliche Grenzgebiet der Lachswelt." Worte, die mich nicht mehr losließen. Ich glaubte nur allzu gerne, dass die Kola-Flüsse paradiesisch wären. Es gab jedoch ein praktisches Problem, sie lagen auf verbotenem Territorium, der Grenzzone zwischen Finnland und der UdSSR. Dies verstärkte nur meine Sehnsucht, diese russischen Flüsse und die Halbinsel Kola kennenzulernen. Manche dieser Flüsse hatten ihr Quellgebiet im finnischen Lappland. Ich folgte ihrem Lauf und stieß bis zur Grenze vor, wo ich in Pools unter riesigen, alten Kiefern eine große Forelle fing. Eines Tages sah ich an einem der Oberläufe des Luttojoki, in den Tiefen der Wälder, einen Kelt (einen Lachs, der nach dem Laichen wieder ins Meer absteigt) springen. Dieser Fluss überquert einige Kilometer flussabwärts die Grenze, nimmt dort den russischen Namen Lotta an und fließt mit der Kola zusammen, bevor er ins Meer mündet. Die Begegnung mit dem einsamen Kelt war, als hätte ich einen Botschafter getroffen. Er war wie ein Zeichen und erhöhte mein Verlangen, in diesen östlichen Flüssen der Halbinsel zu fischen.

Jahrzehnte später, nachdem sich die Beziehungen zwischen Ost und West verbessert hatten, bot sich mir die Chance, auf die Halbinsel Kola zu fahren und am größten Fluss, dem Ponoi, zu fischen. Erwartungsvoll blätterte ich in den verführerischen Prospekten. Die nördlichen Kola-Flüsse münden in die mir bis dahin unbekannte, lachsreiche Barentssee, die ein Teil des Nordpolarmeers ist und vom Ausläufer des Golfstromes erwärmt wird. Die Berichte über den Lachsreichtum des Ponoi elektrisierten mich. Begeisterte Biologen erzählten von bedeutenden Forschungsarbeiten über den Lachs in den großartigen Flüssen dieser Wildnis. Fischer, die am Ponoi gewesen waren, weckten meine Neugierde. Sie erzählten Geschichten über die zahlreichen Lachse, die aggressiv, wild und spontan waren.

Der Ponoi ist mit vierhundert Kilometern der längste der Lachsflüsse der Kola. Er ist auch strategisch gut gelegen. Er mündet am östlichsten Punkt der Halbinsel Kola in das Meer, wo die Nordküste des Gebiets um Murmansk sich südwestlich wendet und zur Nordküste des Weißen Meeres wird. Das Ponoi-Tal trennt die offene, über weite Strecken kahle Tundra der nördlichen Halbinsel von der

OBEN: *Das Ende eines schönen, sportlichen Tages mit guten Freunden und frischem Fisch zum Abendessen. Per Hubschrauber geht es zurück in das Camp am Ufer des Ponoi.*

südlichen Kola, die bewaldet ist. Es gibt einen weiteren Unterschied zwischen Norden und Süden. Die nördlichen Flüsse fließen in die zum Großteil eisfreie Barentssee, während die Flüsse der südlichen Kola in das Weiße Meer fließen, das im Winter zufriert. Wenn man von Murmansk mit dem Hubschrauber hinunterfliegt – eine Reise, die zweieinhalb Stunden dauert – bekommt man einen Eindruck von der Weite und den vom Eis geschliffenen Felsen der nördlichen Halbinsel. Es handelt sich um ein präkambrisches Schild mit vielen Seen und nur vereinzelten Bäumen in geschützten Tälern. Der Ponoi hat ein tiefes Tal in den harten Fels des Schildes gegraben, wie man bei der Ankunft im Camp deutlich sehen kann. Oberhalb des Flusses liegt die Tundra. Im Flusstal gedeihen Birken, Espen, Kiefern, Fichten und unzählige arktische Wildblumen. Zugvögel nisten im Tal, Falken kreisen über den Flussbecken, Nymphen schlüpfen, und unzählige Lachse wandern den Fluss hinauf. Im Sommer ist das Ponoi-Gebiet so fruchtbar, dass man kaum glauben kann, dass er vier Grad oberhalb des nördlichen Polarkreises liegt.

Das Camp in Ryabaga liegt in einem Birkenhain an der Mündung eines kleinen Nebenflusses. Einen Kilometer weiter nördlich oberhalb folgt der Purnache, ein Hauptzufluss. Einen kurzen Hubschrauberflug entfernt mündet an der linken Seite die Acha ein. Beide Gewässer sind unvergessliche Lachsflüsse. Vom Ryabaga-Camp aus erreichen die Fliegenfischer ausgedehnte und hervorragende Lachsgewässer, die die beiden wichtigsten Nebenflüsse sowie die ganze Strecke des weiten, sanft gleitenden Ponoi bis hin zur Flussmündung umfassen. Für mich verkörpert der Ponoi zwei Flüsse zugleich. Der erste ist der Ponoi mit seinem herrlichen Panorama selbst: eine weite Wasserstraße, die bei Ryabaga über Steine braust, und zweihundertfünfzig Meter weiter an der gegenüberliegenden Uferseite vorbei an zerklüfteten, roten Felsen und herabhängenden Birkenzweigen eine Biegung macht. Vom Ryabaga-Camp stromaufwärts bildet der Fluss eine weite Wasserlandschaft, die sich am Horizont verliert und auf fast theatralische Weise von zwei riesigen Granitfelsen akzentuiert ist, die ein Stück stromab der Mündung des Purnache liegen. Tagsüber leuchten sie rot, während sie in der Dämmerung wie urzeitliche Skulpturen erscheinen.

Der zweite Fluss liegt beim Waten zu Ihren Füßen. Das Wasser ist vom Torf eingefärbt und erinnert im Sommer an Fino Sherry. Die Strömungen wirbeln um Steine, gleiten über Kieselstein-, Fels- und Sandbetten, die einen sehr lebendigen, detailreichen und fischfreundlichen Fluss formen. An allen Revieren des Ponoi hat man diese beiden Perspektiven. Einerseits Weite und andererseits ein detailreiches und schwieriges Gewässer. Der Fluss hat eine Vielzahl individueller Standplätze ausgebildet, die wie lange Zimmerfluchten, wie Lachswohnungen mit individueller

Einrichtung erscheinen. Wenn ich am Ponoi fische, sehe ich immer wieder auf, um das Panorama zu genießen, dann konzentriere ich mich wieder auf die Details innerhalb meiner Wurfweite, meine Fliege sucht sich Vertiefungen zwischen Felsen, treibt über die wogenden Strömungen, die steinige Landzungen umspülen, oder über weite Wasserflächen mit sandigem oder steinigem Untergrund.

UNTEN: *Murmansk Munroe.*

Man würde erwarten, dass an einem lachsreichen Fluss wie dem Ponoi ständig Fische zu sehen sind, aber dem ist nicht so. Zwar sieht man da und dort Lachse springen, aber bei weitem nicht so häufig wie an schottischen Flüssen. Ich weiß nicht, warum ein so fischreicher Fluss sich so verschlossen gibt. Die Fische sind keine Faulpelze. Sie gehen aggressiv auf die Fliege, stürzen sich auf Trocken- und Nassfliegen und sind enthusiastisch und energisch. Doch zeigen sie sich nicht

OBEN: *Ein einsamer Fliegenfischer, der vor dem Frühstück den Haus-Pool befischt.*

gern. Ich habe den Gegensatz zwischen ihrer Scheu und ihrer plötzlichen Aggressivität schätzen gelernt. Einmal warf ich von einem Felsen, etwas oberhalb des Hauptstromes, aus. Ich konnte sehen, wie die lange Schnur die Fliege führte, die knapp unterhalb der Oberfläche trieb, als sie von der Strömung erfasst wurde, das Vorfach sich streckte und die Fliege zu schweben begann. Gerade als Sergej, mein Guide, meinte, dass hier die Lachse gerne nehmen, verschwand die Fliege in einem Wasserwirbel. Die Schnur straffte sich durch den Anbiss eines Lachses, der Schnur abzog, als er in die stärkere Strömung in der Flussmitte flüchtete.

OBEN: *Das Camp am Ponoi bei Nacht. Die einzigen Lichter im Umkreis von Hunderten von Kilometern.*

Dies wiederholte sich, als ob der zweite Fisch vom ersten gelernt hätte. Beide waren acht oder neun Pfund schwere, frisch aufgestiegene Lachse. Von meiner Loge oberhalb des Wassers aus hatte ich eine herrliche Sicht. Der weite Bogen der Schnur, die treibende Fliege und das plötzliche Aufwallen des Wassers, als der Lachs nahm, waren der Inbegriff guten Fliegenfischens. Ich begann gerade zu triumphieren, als mein Begleiter mit zwei Fischen von der kleinen Bucht, die etwas weiter stromaufwärts lag, zurückkam und mir erzählte, dass er dort einen perfekten Standplatz gefunden hätte.

Dieser Besuch fand Mitte Juli statt. Die Frühlingslachse des Ponoi wanderten seit Ende Mai, doch im Juli ließ ihre Zahl nach. Bis Ende Juni wurden an die viertausend Fische gefangen. Auf diese frühen Fische, die zwischen zehn und zwanzig

Pfund schwer waren, folgte die Wanderung der Grilse – eine riesige Wanderung kleinerer Fische, die einen Winter im Meer verbracht hatten –, mit ihnen kamen die Sommerlachse, die zwei Winter im Meer waren, jene Acht- und Zehnpfünder (und bessere), die ich beschrieben habe. Später im Sommer steigen die großen Herbstlachse in den Fluss auf, Fische die zehn bis fünfundzwanzig Pfund schwer sind. Der Ponoi hat ein weiteres Phänomen zu bieten. Der normale Lauf der Dinge wäre, dass die Lachse im Süßwasser allmählich heranreifen und immer schwerer werden, bis sie im Spätherbst ablaichen. Am Ponoi gibt es aber

OBEN: *Einen Bomber über die Strömung gleiten zu lassen, ist ein gutes Rezept, um die Ponoi-Lachse anzulocken.*

UNTEN: *Crystal Willie Gunn.*

OBEN: *Amerikanischer Besucher, der einen frisch in den Fluss aufgestiegenen Frühlingslachs freisetzt.*

UNTEN: *Erinnerung an meine Woche am Ponoi – 46 freigesetzte Lachse und 100 Filmrollen!*

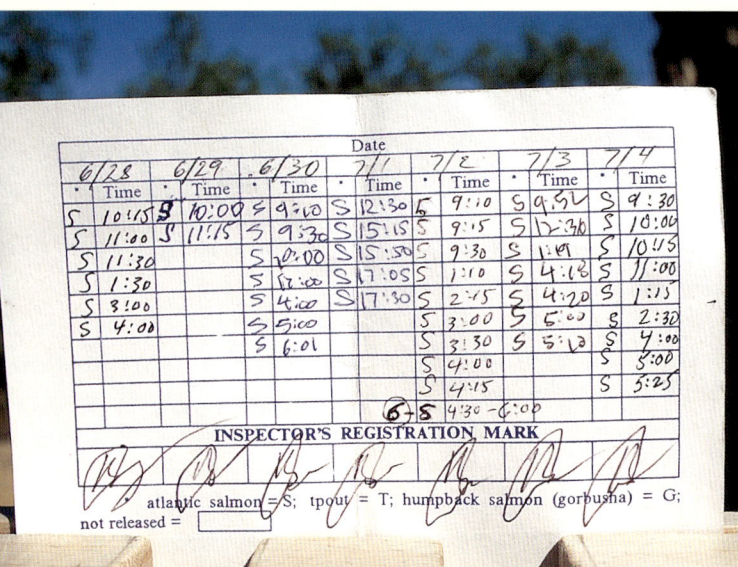

eine Sorte von Fischen, die im Spätsommer in den Fluss aufsteigt, den Winter über ohne zu laichen im Fluss bleibt, auch den folgenden Sommer hier verbringt und erst im zweiten Herbst geschlechtsreif wird und laicht. Der Lachs, nunmehr ein Kelt, überwintert im Fluss und bricht erst im Frühling zum Meer auf. Er verbringt bemerkenswerte achtzehn Monate im Süßwasser. Unglaublich, dass Lachse, die im Süßwasser doch nicht fressen, dies zu Stande bringen! Ihr Fett und ihre Muskeln müssen wahre Energiespeicher sein. Ein biologisches Forschungsteam hat dieses Phänomen sorgfältig untersucht. Die Fische wurden gekennzeichnet und ihr Wanderverhalten protokolliert, und es besteht kein Zweifel, dass manche Ponoi-Lachse den Rekord halten, was die Dauer ihres Aufenthalts im Süßwasser anbelangt.

Man kann den Ponoi vom Ufer, vom Boot aus oder im Waten befischen. In manchen Revieren mit herrlichen Angelmöglichkeiten kann man allerdings nur vom Boot aus fischen. Mit dem Boot kann man nicht nur über Distanzen werfen, die man beim Waten nicht erreicht, Standplätze in der Flussmitte befischen, an denen der Ponoi sich um Felsblöcke windet, lange Flussstrecken mit dem Boot stromabwärts treiben lassen und in jedem gewünschten Winkel auswerfen. Mit dem Boot kann man aber auch, was ein Widerspruch zu sein scheint, in Ufernähe fischen. Am Clough Creek, unterhalb des Golden Beach, nur eine kleine Bootsfahrt flussabwärts vom Camp, befinden sich am rechten Ufer mehrere felsige Landzungen. Die sanft anspülenden Wellen brechen sich an der Landzunge, etwas unterhalb entsteht eine typische kabbelige Strömung, die sich über dem tieferen Wasser, dort wo die Strömung der Landzunge sich ein Flussbett gegraben hat, zu sanften Kräuselwellen entspannt. Dies sind großartige Standorte für Lachse. In den sanften Wellen über den Felsspitzen kann man eine Fliege präsentieren, die Fische folgen ihr, schnappen nach ihr und haken sich selbst an. Bisweilen kommen Fische, meist Grilse, so nahe an den Felsen, dass sie die Felsspitze mit ihrer Schwanzflosse berühren könnten. In den sich brechenden Wellen und den langen Kräuselwellen darunter kann man die Fliege schwingen oder baumeln lassen oder auch eine ruckartige Fliegenspur über die Oberfläche ziehen, je nachdem, was die Bedingungen vorgeben. Schnelle Flüsse wie dieser sind ein Wasser, in dem die Fische ausgezeichnet nehmen. Sie nähern sich den Fliegen mit großer Geschwindigkeit, tauchen oft sehr plötzlich auf, um die Fliege an der Schwimmschnur zu nehmen, auf den Ruck und den Sprung auf die Wasseroberfläche folgt ein hartes Ziehen.

Die Guides am Ponoi waren ausgezeichnet, ihre Kenntnis der einzelnen Pools war oft unsere Rettung. Am Tomba, einem unserer unteren Reviere, nicht weit

OBEN: *Ein Augenblick der Freude für den Angler Dick Viall und seinen russischen Guide Mischa Timoschenko: Ein weiterer Ponoi-Lachs ist sicher im Netz.*

unterhalb der Stelle, an welcher der Tomba als Nebenfluss einmündet, verläuft der Ponoi tief eingegraben an einer Felswand entlang. Diese Art von Standplätzen würde ich in Schottland vermutlich meiden, da zu befürchten war, dass das Wasser dort sehr tief wäre, die Lachse unter den Felsvorsprüngen stünden und kein Interesse an der Fliege hätten.

Alexi, mein Guide, meinte: „Wirf aus und setze die Fliege genau vor der Felswand ab."

Ich warf und präsentierte meine Claret Shrimp, Größe 4, etwa fünfundvierzig Zentimeter von der kleinen Klippe entfernt.

„Näher", sagte der Guide.

Ich traf das Wasser dreißig Zentimeter vor der Felswand.

„Nein, nein!", rief Alexi. „Du musst den Felsen mit der Fliege treffen!"

„Du machst Witze", antwortete ich, folgte aber seiner Anweisung.

LINKS: *Eine Rute biegt sich in der Dämmerung.*

Die große Fliege schlug auf der Felswand auf, fiel ins Wasser und wurde sofort von einem guten, fettbäuchigen Junglachs genommen. Ich wiederholte das Ganze. Insgesamt fing ich an dieser Stelle mit Alexis Technik vier Fische, indem ich die Fliege auf der Felswand aufschlagen ließ. Ohne seinen Rat hätte ich diesen Pool auf konventionelle Weise befischt, mich vom Felsen ferngehalten, um die Fliegen zu schonen, und vermutlich keinen einzigen Fisch erblickt.

Der Ponoi hat, wie alle guten Lachsflüsse, etwas von einem Schulmeister. Er eröffnet neue Gedankenwelten. Beim Lachsfischen in Schottland verwende ich keine Trockenfliegen – aus dem einfachen Grund, weil sie nicht funktionieren. Ich möchte nicht behaupten, dass sie *nie* Erfolg zeigen. Von Zeit zu Zeit ist einem Forellenfischer, der eine Greenwell's Glory, Größe zwölf, treiben lässt, das Glück hold und er hat einen Lachs am Haken. Ich habe ein, zwei Mal gesehen, dass ein Lachs einen Meerforellen-Köder nimmt. Das klassische Experiment, das G.M. La Branche auf Aufforderung von A.H.E. Wood hin machte, indem er es bei den zahlreichen Lachsen am Dee mit einer Trockenfliege versuchte, blieb aber leider erfolglos. Portland-Knoten funktionieren zwar in Schottland, es ist aber eine heikle Methode, die selten praktiziert wird. In Kanada, Island und Russland jedoch habe ich sowohl mit Trockenfliegen als auch mit diesen speziell geknoteten Nassfliegen erfolgreich gefischt. Der Ponoi ist ein Ort, an den man rasch entdeckt, wie gut Oberflächenfliegen – Trockenfliegen, speziell angeknotete Nassfliegen und diese erstaunlichen „Bomber" – sein können. Oberflächenfliegen sind am Ponoi ein großartiges Erlebnis. Die Methode ist sehr visuell, oft spektakulär und kann zu unvergesslichen Fängen führen. Am langen, gleitenden Wasserlauf eines Pools am Alexevski kamen Lachse, die die konventionelle Fliege ignorierten, zu einer dieser speziell angeknoteten Nassfliegen, indem sie ihre großen Flanken zeigten und bei großartigen Sprüngen Gischt versprühten. Ich muss gestehen, dass diese unvergesslichen Erlebnisse an der Oberfläche des Ponoi mir ein Problem verschufen. Trockenfliegen und Nassfliegen streiten sich seither in meinem Inneren. Zu Hause weiß ich, dass eine der beiden die falsche Geliebte ist, aber am Ponoi leide ich an Interessenkonflikten.

Das Lachsfischen ist eine Tätigkeit, bei der es einerseits ums direkte Zupacken und andererseits um eine vermittelte Form von Kontrolle geht, bei der alles interpretiert wird. Die Hand an der Rute und die Fingerspitzen an der Schnur vollführen geschickte, tradierte Handgriffe, Kunstgriffe, die man auch üben kann.

OBEN: *Die Zeit nach dem Abendessen, wenn die Sonne über den Hügeln untergeht, eignet sich ganz besonders, um den Fluss und die Einsamkeit zu genießen.*

OBEN RECHTS: *Glückliche Angler posieren für ein Gruppenbild mit frischem Lachs, bevor es per Hubschrauber ins Camp zurückgeht.*

Die Fliege im Wasser ist etwas ganz anderes. Die meiste Zeit können wir nur vermuten, was sie gerade tut, und was die Reaktionen der Fische auf die Fliege anbelangt, können wir ohnehin nur unseren Fantasien freien Lauf lassen und hoffen. An einem Fluss wie dem Ponoi, an dem die Lachse so lichtscheu sind, wird man sich dessen bewusst. Wir alle kommen an neue Gewässer mit unsichtbarem Gepäck, mit vorgefassten Meinungen und Erfahrungen von anderen Gewässern. Wir reisen zum Ponoi und hoffen, dass die Lachse der russischen Wildnis die richtigen Bücher gelesen haben.

Ich selbst hatte ein Vorurteil, was kleine Fliegen angeht. Ich fische häufig am schottischen Dee, zu Sommerbeginn angeln wir dort mit kleinen Fliegen an Schwimmschnüren. Mit klein meine ich Größe zehn oder zwölf. Viele sind der Ansicht, dies seien Forellengrößen. Ich hatte gehört, dass die Ponoi-Lachse größere Fliegen und hellere Farben mochten, deshalb versuchte ich zu Beginn Fliegen der Größe acht und sogar sechs, indem ich konventionell gebundene Muster wie die Garry Dog verwendete, die mit Gelb- und Rottönen gearbeitet war.

Die Ponoi-Lachse waren im Großen und Ganzen nicht sehr begeistert. Das beste Muster war eine Fliege, die ich vor Jahren gebunden hatte, die Claret Shrimp. Dies ist eine äußerst simple Fliege, die man selbst am Ufer eines Pools mit den Fingern binden kann. Sie hat einen silbrigen Flitterkörper und eine lange, weinrote Haarschwinge, die ich über dem Kopf der Fliege anbringe, damit sie lange Schweifwedel ober- und unterhalb des Fliegenkörpers bildet. Das Wichtigste aber ist das Schwänzchen. Es ist aus gelbem Bucktail, für den Ponoi machte ich es sehr lang, dünn und gewunden. Mit Hilfe des Schwänzchens verdoppelte ich die Länge der Fliege. (Angler werden erkennen, dass die bemerkenswerte Ally's Shrimp mein Vorbild war). Die Ponoi-Fische schnappten begeistert nach dieser Fliege und ihrem langen, gewundenen Schwanz.

Oft legten wir mit dem Hubschrauber weite Strecken zu den Revieren zurück, doch einer der feinsten Pools, der Haus-Pool, lag direkt hinter dem Camp. Das obere Ende war die große Wasserfläche flussaufwärts von unserem Lager, aber der starke Rhythmuswechsel, der den Pool auszeichnet, war hinter dem Camp, wo Felsen die flache Strömung abriegelten und einen langen, mächtigen, gekräuselten Flusslauf bildeten, der zum Golden Beach hinunter führte. Hier fischte ich an den meisten Abenden nach dem Abendessen. Einmal schwang ich in der nie endenwollenden Dämmerung der arktischen Nacht eine Garry Dog, Größe sechs, mit langen goldenen Schwingen über den Fluss und hakte einen Fisch an, der eine Flucht hinlegte, wie ich sie noch bei keinem anderen Lachs am Ponoi gesehen hatte. Er sprang zwei Mal und kämpfte mit großer Kraft. Schließlich gelang es mir, den großen silbrigen Fisch zu landen, der sich hell von den dunklen Steinen am Rande des Wassers abhob. Ich sah, wie er in die Strömung flitzte, als ich ihn freiließ.

Die Flüsse des hohen Nordens lassen einen nicht mehr los. Sie ziehen uns auf geheimnisvolle Weise in ihren Bann. Bei der Begegnung mit dem Lachs der wilden Tundra stellt sich ein wunderbares Daseinsgefühl ein. Natürlich kann der Ponoi in seiner Kraft ein sehr harter Gegner sein. Am Ponoi war ich mir manchmal der Heiterkeit der Wildnis stark bewusst. Ich habe mit einem kräftig ziehenden Lachs gekämpft, während Wanderfalken über dem Pool kreisten und schrien. Ich watete zwischen imposanten Felsen unter der Mitternachtssonne und zog Lachse aus dem goldenen Wasser. Momente wie diese waren einem Traum ähnlich, den ich hatte, als ich durch den Eisernen Vorhang lugte und mich danach sehnte, einen Lachsfluss auf der Halbinsel Kola zu befischen.

Irgendwie bin ich froh, dass ich auf diese Reise warten musste. In meiner Jugend hätte ich diesen Besuch als Expedition verstanden. Als meine Reise zum Ponoi endlich stattfand, hatte sie mehr von einer Pilgerfahrt an sich.

RUSSLAND: INFO

WISSENSWERTES

Wenn man jemanden, der in Russland fischen war, fragt, wie es war, erhält man immer die gleiche Antwort: „Fischen wie in der guten alten Zeit". Dies ist eine gute Zusammenfassung für den Stellenwert Russlands in der Welt der Altantischen Lachsfischerei.

Wegen der zahlreichen Militärstützpunkte auf der Halbinsel Kola tauchten erst 1989, der Zeit der Glasnost, gegen Ende des Kalten Krieges, Berichte über den außergewöhnlichen Fischreichtum der Kola-Flüsse auf. Die Lachswanderungen vom Weißen Meer und der Barentssee waren nie von der kommerziellen Fischerei bedroht wie die Bestände anderer Nationen. Die Pioniere, die die ersten Reisen unternahmen, berichteten von unglaublichen Mengen von Fischen.

Das Team, das als erstes den Ponoi befischte, ließ sich im Quellgebiet nieder, um den Fluss zu befischen, einige Pools zu erkunden und ein Basislager einzurichten. Nach kurzer Zeit entdeckten sie, wie fischreich diese Pools waren. Statt jeden Pool zu befischen, beschlossen sie nur noch dann Halt zu machen, wenn bei ihrer Ankunft an einem Pool mindestens fünf Lachse gleichzeitig in die Luft sprangen!

Bei dieser Überfülle an Atlantischen Lachsen in allen Kola-Flüssen ist es einem Fischer nicht nur möglich, mehrere Fische pro Tag zu fangen, sondern auch, mit einer Vielzahl von Techniken zu experimentieren. Die Flüsse der Halbinsel Kola sind einzigartig, woran sich auch in naher Zukunft kaum etwas ändern dürfte.

REISEZEIT

Nahezu alle Flüsse Russlands mit Atlantischen Lachsen befinden sich nördlich des Polarkreises, und die Saison ist relativ kurz. Das Fischen beginnt im Juni und endet im September, die Anzahl der zurückkehrenden Fische unterliegt während der Saison erheblichen Schwankungen. Zu Beginn und Ende der Saison findet man größere Fische vor, die mittleren Monate sind für ihre Schulen mit kleineren Lachsen und Junglachsen bekannt, die in den Flüssen aufsteigen.

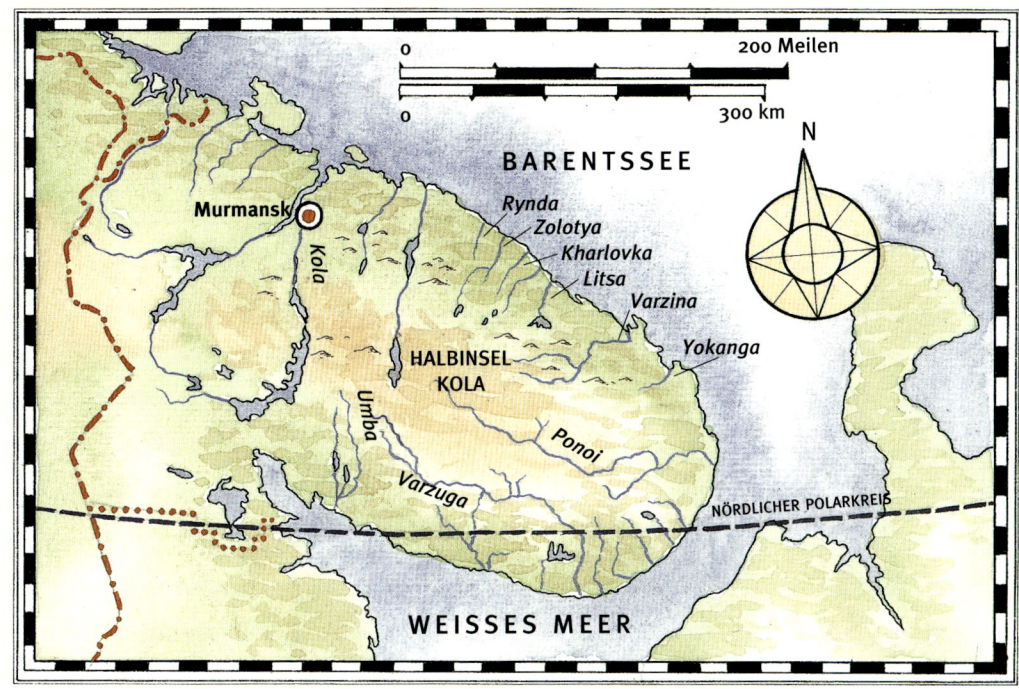

ANGELGERÄT

RUTEN: Einhändige, 2,7–3,3 Meter lange Ruten für Schnüre der Klasse 7–9. Zweihändige 3,8–4,5 Meter lange Ruten für Schnüre der Klasse 8–11.

ROLLEN: Große Direct-drive-Rollen mit Bremssystem, die die Fliegenschnur und 140 Meter Backing mit 11–13 Kilogramm Tragkraft fassen.

SCHNÜRE: Eine große Auswahl von Schwimm- bis zu Sinkschnüren. Meist wird mit Schwimm- und Intermediate-Schnüren gefischt.

VORFÄCHER: Je nach Fluss 4,5–6,8 Kilogramm Tragkraft.

FLIEGEN: Im Hochsommer sind Trockenfliegen am sportlichsten: Bomber, Wulff und Muddler – Nassfliegen: Ponoi Green, Allies und andere traditionelle schottische Muster.

FLIEGEN: 1 *Crystal Willie Gunn* 2 *Ponoi Red* 3 *Murmansk Munroe* 4 *Crystal Sweep* 5 *General Practitioner* 6 *Ally's Shrimp (Röhrchenfliege)* 7 *Garry Dog* 8 *Black & Red (Röhrchenfliege)* 9 *Willie Gunn (Röhrchenfliege)* 10 *Half & Half (Röhrchenfliege)*

GEGENÜBER: *Die Ponoi-Lachse reagieren aggressiv auf eine Bomber. Manche Angler bevorzugen Trockenfliegen, da der Anbiss spektakulärer ist.*

Nachweise

BEITRÄGE

Die Herausgeber möchten folgenden Autoren und Verlagen/Magazinen für die freundliche Erlaubnis, die Texte in Lachs und Forelle *abzudrucken, danken:*

„Im Quellgebiet", John Gierach, zuvor erschienen in *Trout Bum* (Pruett Publishing, 1986), Copyright © John Gierach, 1986. Nachdruck mit Erlaubnis von Pruett Publishing Company, Boulder, Colorado.

„Seine größte Forelle", J.W. Hills, Auszug seines Buches *A Summer on the Test* (André Deutsch, London, 1984) Copyright © André Deutsch Ltd. und Mrs. S.M. May.

„Lough Mask", David Street, Auszug seines Buches *Fishing in Wild Places* (Penguin Books, London, 1989), Copyright © Penguin Books Ltd., mit Zustimmung von Mrs. Margaret Street.

„Tierra del Fuego", Brian Clarke, Auszug seines Buches *Trout Etcetera* (A&C Black Ltd, London, 1996), Copyright © Brian Clarke, 1996.

„Wo der Süden beginnt", Roderick Haig-Brown, Auszug seines Buches *Fisherman's Winter* (Douglas & McIntyre, Vancouver, 1954), © Roderick Haig-Brown, 1959. Nachdruck mit Zustimmung von Douglas & McIntyre, Harold Ober Associates Inc. und Nick Lyons.

„Der Dreadnaught-Pool", Zane Grey, Auszug seines Buches *Tales of the Angler's Eldorado*, Copyright © Dr Loren Grey.

„Lachse haben keine Geschichte", Clive Gammon, Auszug seines Buches *Welcome to the Chocolate Factory* (Swan Hill Press, Shrewsbury, 1990), Copyright © Clive Gammon, 1990.

„Himbeeren im Regen", Ernest Schwiebert, nach seinem Buch *Remembrances of Rivers Past* (The Macmillan Company, New York, 1972; Collier-Macmillan Ltd, London, 1972), Copyright © Ernest Schwiebert, 1972 und 1998.

„Wesleys Fluss", Thomas McGuane, Auszug seines Buches *Live Water* (Meadow Run Press, New Jersey, 1996), Copyright © Thomas McGuane, 1996.

„Sonntags nie", David Profumo, Copyright © David Profumo, 1998.

„Grimsá-Tagebuch", Nick Lyons, erstmals erschienen in *Flyfisherman Magazine* (1975), Copyright © Nick Lyons.

„Pilgerfahrt zum Ponoi", Bill Currie, Copyright © Dr. William Currie, 1998.

Die Herausgeber haben alles versucht, um Inhaber von Urheberrechten ausfindig zu machen. Wir bitten, etwaige Fehler oder Auslassungen zu entschuldigen und werden diese in künftigen Auflagen korrigieren.

ILLUSTRATIONEN

Die Fisch-Illustrationen am Kapitelanfang sind von James Prosek, jene auf den Seiten 12, 28, 38, 50, 60, 74, 108, 120, 132, 146 und 162 sind aus seinem Buch *Trout: An Illustrated History* (Alfred A. Knopf, Inc., New York; Copyright © James Prosek, 1996); die Illustrationen auf den Seiten 10, 90 und 92 wurden für *Lachs und Forelle* in Auftrag gegeben (Copyright © James Prosek, 1998).

BESONDERER DANK

Darüber hinaus danken die Herausgeber folgenden Organisationen und Personen für ihre Unterstützung:

Brian Fratel, Nick Armstead und Robin Elwes von Farlow's of Pall Mall, Robert Rattray von Finlayson Hughes, Henry Mountain und Tarquin Millington-Drake von Frontiers, William Daniel von Famous Fishing, Anthony Edwards, Commander Bruce Trentham, Les Kirby, Bo Ivanovic, Barry Oldham, George Ross und dem gesamten Oykel Bridge Hotel, Captain J.R. Wilson, Duncan Watt, Balmoral Estate Office, Peter Voy und Fraser Campbell von Assynt Estates, Peter Fowler und John Gordon von Glencalvie Estate, Stuart und Fiona Mcteare, Dennis O'Keefe und Brian Joyce.